아들 키울 때
꼭 알아야 할
12가지

Growing Great Boys
Copyright ⓒ Ian Grant 2006
First published by Random House New Zealand Ltd, Auckland, New Zealand.
This edition published by arrangement with Random House New Zealand Ltd.

No part of this book may be used or reproduced in any manner whatever without written permission except in the case of brief quotations embodied in critical articles or reviews.

Korean Translation Copyright ⓒ 2016 by Sigongsa
This Korean language edition is published by arrangement with Random House New Zealand Ltd. through BC Agency, Seoul.

이 책의 한국어판 저작권은 BC 에이전시를 통한 저작권자와의 독점 계약으로 ㈜시공사에 있습니다. 저작권법에 의해 한국 내에서 보호를 받는 저작물이므로 무단 전재와 복제를 금합니다.

아들 키울 때 꼭 알아야 할 12가지

한 권으로 끝내는 아들 키우기

이안 그랜트 지음

유윤한 옮김

지식너머

PROLOGUE

아들을 제대로 키우는 것이
어른이 된 뒤에 고치는 것보다 낫다

나는 지금까지 부모들이 매일매일 일상에서 아이들과 어떻게 상호 작용해야 할지에 대한 통찰력과 아이디어를 주는 일을 해왔다. 이 일은 아주 오랜 시간 동안 세미나, 라디오 방송, 강연, 잡지 기고, 양육 훈련과 교육, 양육 도서 집필처럼 다양한 경로로 이루어졌고, 늘 실생활에서 바로 적용할 수 있는 실용적이고 따끈따끈한 조언을 다루려 했다. 물론 이 책에서 다루고자 하는 내용도 쉽게 이해하고 적용할 수 있는 것이다. 이 책을 읽는 이로 하여금 바로 지금 아들을 키우는 데 적용해볼 수 있는 소중한 해결책을 담았다.

사회는 건강하고 순수한 시각을 지닌 남자들을 필요로 한다. 다시 말하면, 강하고 용기 있게 약한 자를 보호할 줄 아는 동시에 내면을 풍요롭게 하는 정서적인 삶을 즐길 줄 아는 남성성이 요구된다. 개인의 자질 중 동정심과 이타주의는 인류 사회가 발달하던 초기부터 양심과 인격을 이루는 초석으로 간주되어 왔다. 따라서 부모는 아들이 그 무엇보다도 이와 같은 자질을 갖추도록 돕는 일을 목표로 삼아야 한다. 다른 모든 세대의 아이들처럼 아들의 미래는 아주 많은 부분이 부모의 손에 달려 있다. 부모는 인생의 멘토이자 양육자로서 아들에게 규칙과 긍정적인 분위기를 만들어주고, 사랑과 헌신을 보여줄 특권을 가지고 있다. 모든 남자아이가 테스토스테론이 충만하고, 몸을 움직이는 활동을 좋아하며, 스포츠에 열광하지는 않는다. 하지만 대부분의 남자아이들은 육체적인 활발함과 폭력성을 다양하게 보여준다. 아들의 이러한 특성은, 대부분 엄마들을 당황하게 만들고 아빠에 맞서는 것으로 나타난다.

지난 수년 동안 15만 명 이상의 부모들이 나의 교육 프로그램에 참여해왔다. 그중 많은 사람들이 '코치로서의 부모'라는 개념을 이해하는 것을 보며 보람을 느꼈다. 코치로서의 부모는 자녀들이 인생이라는 게임에서 성공하도록 훈련시키는 역할을 기꺼이 해낼 줄 아는 사람이다. 부모는 아들의 인생을 세워나가는 사람이라는 사실을 많은 사람들이 깨닫기를 바란다. 그리고 주위에 있는 사람들이 양육이라는 한평생의 여정을 함께하는 협력자들이라는 사실도 알아줬으면 한다.

양육이란 여정에서 성공하길 기원하며…
이안 그랜트

프롤로그 ★ 4

• Chapter 1 •
아들의 본성을 이해하라 ★ 10

• Chapter 2 •
남성으로서의 아들을 인정하라 ★ 26

• Chapter 3 •
아빠는 아들에게 특별하다 ★ 36

• Chapter 4 •
엄마가 똑똑한 아들을 만든다 ★ 60

• Chapter 5 •
엄마나 아빠 없이도 아들은 행복할 수 있다 ★ 84

• Chapter 6 •
유아기부터 아들의 미래가 결정된다 ★ 92

· CHAPTER 7 ·
아들 양육의 적기는 초등학생 때다 ★ 120

· CHAPTER 8 ·
10대 아들을 조심스럽게 다뤄라 ★ 170

· CHAPTER 9 ·
아들에게 자신감을 길러줘라 ★ 208

· CHAPTER 10 ·
아들의 참모습을 이해하라 ★ 220

· CHAPTER 11 ·
아들에게 추억을 선물하라 ★ 228

· CHAPTER 12 ·
아들에게 가르쳐야 할 12가지 ★ 240

남자아이는 머리카락에 껌이 엉겨 붙은 채 돌아다니는 지혜이고 주머니에 개구리를 숨긴 채 뛰노는 미래의 희망이다.

01
CHAPTER
아들의 본성을 이해하라

현 시대를 살아가는 남자아이들에게 정체성이나 사명감을 심어주고자 한다면 몇 가지 염두에 두어야 할 사실이 있다. 부모가 향수에 젖어 되살리고 싶은 옛날 방식이 있다 하더라도 시간 자체를 옛날로 돌려놓지는 못한다. 따라서 요즘 남자아이들의 문화에서 긍정적으로 받아들일 수 있는 것을 이용해 남자아이를 양육하고, 무엇보다 폭력과 음란물로부터 아이를 보호해야 한다. 남자아이들에게 부모의 눈과 통찰력을 빌려주고, 아이들이 도덕적으로 강해지고 안목을 키울 때까지 해야 할 것과 하지 말아야 할 것 사이의 경계를 정해줘야 한다.

　　남자아이들에게는 그들만의 특별함과 신비로움이 있다. 부모들은 남자아이들의 인격이나 정신적, 신체적 구조가 여자아이들과 다르다는 것을 아이를 키우며 깨닫는다. 예를 들어, 남자아이들을 놀이터에 두면 자기들끼리 놀이를 만들어내거나, 올라갈 수 있는 곳이라면 어디든 오르려 한다. 대부분의 남사아이들은 몸을 움직이는 것을 좋아하고, 영웅처럼 보이고 싶어 하며, 힘을 겨루거나 무리 지어 행동하는 것을 좋아한다. 남자아이들은 활기찬 에너지를 발산하는 모습을 자주 보여준다. 하지만 남자아이들의 바로 이러한 모습 때문에 부모들은 난처한 경우가 한두 번이 아니다.

현대 사회가 과거와 많이 다를지라도 결코 변하지 않는 사실이 있다. 첫째, 남자아이들은 여자아이들과 다른 방법으로 양육해야 한다는 점이다. 성격이나 행동과 관련된 기본적인 교육이 달라야 한다는 의미는 아니다. 남성 호르몬과 관련된 특성에서 비롯된 남자아이들만의 충동과 구조적인 특징을 고려해야 한다는 것이다. 남자아이들은 이러한 면 때문에 여자아이들과는 다른 그들만의 문제에 직면하게 된다. 남자아이와 여자아이의 생물학적인 차이는 거의 완전히 밝혀진 상태다. 그 결과 남자아이를 둔 부모들이 오래전부터 느끼고 있었던 막연한 추측이 근거가 있는 사실임이 드러났다. 즉, 남자아이들은 원래부터 몸을 움직이는 것을 좋아하고, 말수가 적은 존재로 타고난 것이다.

《남자아이 심리백과(The Wonder of Boys)》의 저자인 마이클 거리언(Michael Gurian)은 뇌에서 공격성을 담당하는 편도체의 크기가 남녀에 따라 다르다고 설명한다. 남자가 여자보다 더 큰 편도체를 가지고 있으며, 이로 인해 남자가 공격적인 행동을 더 많이 한다는 것이다. 이와 같은 사실을 남자아이들만의 호르몬 변화나 문화적 생활에 적용해보면, 남자아이들이 여자아이들보다 훨씬 더 공격적이고 폭력적이며, 도덕적으로 '위험한' 행동을 많이 하는 이유를 알 수 있다. 남자아이들은 여자아이들보다 욕도 더 많이 하고, 치고받고 싸우기를 즐기며, 다른 사람과 관계 맺을 때 경쟁하며 한발 앞서가려 한다. 하지만 기억해야 할 중요한 점은 공격성과 폭력은 엄연히 다른 것이라는 사실이다.

아들은 영웅 심리를 타고난다

남자아이들이 보여주는 타고난 충동성은 생물학적인 특성에서 비롯된 것이다. 남자아이들의 뇌에서는 마음을 진정시키고 달래주는 세로토닌이 적게 분비되기 때문에 충동을 조절하는 능력이 여자아이들보다 더 약하다. 따라서 남자아이들에게는 좀 더 엄하고 분명한 도덕 교육과 훈련이 필요하다. 그리고 충동에 휩쓸릴 때에는 그것이 불러올 결과를 예측할 수 있도록 가르쳐야 한다. 이러한 과정을 통해 남자아이들이 자기 통제력을 갖추도록 도우려면 부모가 끈기와 일관성을 가지고 많이 참아야 할 것이다.

    부모들은 어린 남자아이들을 키울 때 지나치게 충동적이고 활기찬 성향 때문에 난처해질 때가 많다. 분명한 것은 바로 그러한 성향 덕분에 자랑스러운 성인 남자로 자란다는 사실이다. 다른 사람을 돕는 일에 헌신하는 훌륭한 남자들은 어느 정도는 양육과 가르침의 결과물이다. 물론 그 기본에는 남자아이들만의 생물학적인 특성이 튼튼한 기반을 이루고 있다.

충동적이고, 열정적이며, 보호자가 되려는 남자아이들의 성향은 지난 세월 동안 페미니스트들이 주도하는 풍토 속에서 맹공격을 받았다. 그리고 많은 남자들은 자신의 아들과 함께 이 시기와, 성적 탐닉이 득세하는 포스트 페미니스트 시기를 거치며 남성으로서 정체성과 역할을 찾기가 점점 힘들어졌다. 유명한 소설가이자 페미니스트인 도리스 레싱(Doris Lessing)은 이러한 급진적인 견해가 어린 남자아이들에게 어떤 해를 끼치는지에 대해 이야기했다.

"나는 9살과 10살짜리 아이들 학급에서 이야기를 나눈 적이 있어요. 여자아이들이 남자아이들에게 그러더군요. 전쟁이 남자들의 타고난 폭력성 때문에 일어났다는 거예요. 여자아이들은 자만심에 가득 찬 표정으로 앉아 있고, 반면에 남자아이들은 미안해하면서 이 상황이 평생 계속될 것이라는 생각에 풀이 죽어 있었지요."

이제는 기가 꺾여 있는 남자아이들에게 스스로 자랑스러워할만한 정체성을 심어주고, 세상에서 가치를 발휘할 수 있는 역할을 맡겨야 할 때다. 남자아이를 올바르게 양육하려면 많은 지혜와 전략이 필요하다. 남자아이들은 부모가 미처 알지 못했던 것을 깨닫게 해주면서 소년다운 방식으로 세상을 탐험한다. 남자아이들이 자신이 충분히 이해받고 감정적으로

지지받고 있다는 느낌이 들면 멋진 남자다움을 구현해내기가 쉽다.

부모는 남자아이들이 거칠게 뒤엉켜 노는 것을 막으면 폭력적이지 않고 정숙한 어른으로 자랄 것이라 믿는다. 하지만 많은 연구 결과는 이와 반대다. 거칠게 뒤엉키며 놀아보지 않은 남자아이들은 다른 방법으로 폭력성을 드러낸다고 한다. 남자아이들의 꿈에 대해 아는 바를 이용하면 미래의 폭력을 피할 수 있다. 《와일드 하트(Wild at Heart)》의 저자 존 엘드리지(John Eldredge)는 남자아이들의 가장 깊은 욕망에 적절히 대처할 수 있다고 했다. 모든 남자아이들의 마음속에는 대단한 존재가 되고 싶은 갈망이 있다. 다시 말해, 용감하고 강해서 무시할 수 없는 사람이 되고 싶어 한다. 남자아이들이 갈망하는 것은 이겨야 할 전쟁, 치러야 할 모험, 구해야 할 여주인공이 있는 삶이다. 이와 같은 이유로 어린 남자아이들은 배트맨이나 슈퍼맨처럼 차려입고 싶어 한다. 남자아이들은 어딘가에 악당들이 있고 누군가가 그들에게 잡혀서, 영웅이 출동해 구해주기를 바란다고 생각한다.

어린 남자아이의 내면에 있는 보호자이자 방어자는 그 일을 해낼만한 충분한 자격이 있다는 확신을 받고 싶어 한다. 이러한 아이들은 폭력적인 어른으로 자라지 않는다. 아이를 측은지심과 지혜를 갖추도록 잘 양육한다면, 아이는 한 생명을 살리기 위해 사투를 벌이는 의사나 사람들을 구하기 위해 불타는 건물로 뛰어드는 훌륭한 소방관으로 성장할 수 있다.

남자아이들은 집단 따돌림을 감시하지 않고 폭력물을 아무렇지 않게 보도록 내버려두면 잔인해지기 쉽다. 하지만 놀이터에서 전쟁놀이를 하며 가지고 노는 장난감 칼이나 자잘한 모형 무기까지 폭력의 씨앗으로 보아서는 안 된다. 정의로운 도적 로빈 후드가 나타나기 훨씬 오래전부터 착한 사람이 나쁜 사람을 무찌르는 이야기는 아이들이 꼭 실현해보고 싶은 판타지 중 하나다. 판타지 속에서 남자아이들은 악한 세력으로부터 사람들을 보호하는 영웅이 된다.

아들 잘 키우는 tip
아들이 성공적인 삶을 살 수 있도록 부모가 해줄 수 있는 3가지

☆ **안전감** • 아들은 자신이 가족의 소중한 구성원이라는 느낌을 받으면 안전감을 느낀다. | 아들에게 어떠한 임무를 주고 성취하기까지의 단계마다 칭찬을 아끼지 않는다. 아들은 자신이 가족 전체의 행복에 기여했다고 느끼며 스스로를 소중히 여기게 된다.

☆ **자아 존중감** • 자아 존중감은 자신이 성장하고 있다는 인식

에서 생긴다. | 아들은 자신이 단지 지시에 따르는 것이 아니라 스스로 결정할 수 있다는 것을 알게 되면서, 자부심을 느끼게 된다. 아들에게 "스스로 생각할 줄 아는 네가 자랑스러워." 또는 "실수해도 괜찮아. 그러면서 성장하는 거야." 처럼 사랑을 담은 메시지를 자주 건네자.

☆ 중요성 • 아들의 개성과 선택을 존중해준다. | 아들의 의견을 묻고 평가해주며, 아들이 수행한 일에 대해 듣고 그것을 어른의 시각으로 해석해준다. 아들이 어려움을 겪고 있으면 어른의 통찰력으로 해결책을 제시한다.

아들 교육은 빠를수록 좋다

요즘 세대가 새롭게 접하는 문제는 점점 더 글로벌화되는 세계다. 빠른 속도로 변하는 기술 주도 사회에서 가족 구성원들이 서로 다른 대륙에서 떨어져 사는 경우도 많다. 가끔 어린 시절과는 너무나 달라진 세상을 보면서 누군가 빨리 감기 버튼이라도 누른 것은 아닐까 하는 생각이 들 정도다. 그리고 그렇기 때문에 아들을 키울 때 부모는 더욱 세상 물정에 밝아질 필요가 있다.

지난 수십 년 동안 우리가 살고 있는 이 세계는 빠른 속도로 변해왔다. 이로 인해 많은 전문가들이 인정하듯 아이들과 눈높이를 맞추고 교감하기가 쉽지 않다. 요즘 아이들은 부모 세대와는 달리 운동장에서 공을 차기보다는 스마트 기기 속의 공을 조절하는 데 더 능숙하고 열광하는 세대다. 애리조나주립대학교 교육 심리학 교수인 로버트 스트롬(Robert Strom) 박사는 가족 자원과 인간 개발 전문가다. 그는 나이 든 세대와 젊은 세대의 세대 차가 점점 더 커지고 있다는 사실을 밝혀냈다.

"나이 든 사람들이 어렸을 때에는 지금처럼 이렇게 세상이 빨리 변하지 않았다. 그래서 당시 아빠들은 아들에게 인생에 대해, 앞으로 어떤 일을 겪게 될지에 대해 자신 있게 말해줄 수 있었다. 그 시절에는 세상이 변하는 속도가 워낙 느렸기 때문에 가능했던 것이다. 아이들은 아빠나 할아버지의 하루하루 일상을 보면서 자신의 미래를 예측할 수 있었다."

하지만 기술 발달이 가속화되면서 많은 변화가 생기기 시작했다. 일단 사회가 변하는 속도가 빨라졌다. 그 결과 스트롬 박사의 말대로 할아버지, 아빠, 아들의 세대가 공유하는 공통점이 적어지게 되었다. 오늘날 아이들은 부모 세대가 어린 시절에 결코 겪어보지 못한 경험을 한다. 스트롬 박사는 "예전에는 어른들이 아이들더러 '너희는 너무 어려서 이해하지 못해.'라고 했지만, 요즘은 오히려 어른들이 나이 들었기 때문에 이해하지 못하는 일이 많다. 아이들에게 조언을 해주려고 자신의 어린 시절을 회상해도 별 도움이 되지 않는다."라고 설명했다.

하지만 변화와 스트레스가 넘치는 상황에서도 부모의 역할은 여전히 중요하고 그 무엇으로도 대체할 수 없다. 부모는 사랑스럽고 책임감 있는 청년들을 세상에 내보낼 수 있는 힘을 가지고 있다. 이 청년들은 단지 세상을 받아들이며 살아가는 게 아니라 세상에 무언가 기여하는 사람들이다. 또, 약자를 보호할 줄 알고, 공동체를 세우며, 사랑하는 사람들을 부양하고, 도덕적인 리더십을 보여줄 수 있는 남자들이다. 사실 남자아이들을 잘 교육시키는 게 성인 남자를 교정하는 것보다 훨씬 낫다. 아이가 다 자란 뒤에는 부모에게 기회는 없다. 아이가 어릴 때부터 부모 역할에 최선을 다해야 한다. 부모가 아이들 양육에 힘쓰지 않으면 나중에 그 갑절의 노력을 들여야 한다.

한 연구 결과에 따르면, 아이가 7살일 때부터 성인이 된 후 보일 폭력과 범죄성을 예견할 수 있다고 한다. 이 시기에 아들이 다른 친구를 괴롭히며 폭력을 휘두르거나, 동물을 잔인하게 다루거나, 극단적인 분노를 보여주면 부모는 아들에게 관심을 많이 두어야 한다. 아이에게 시간을 투자해 성인 남자와 강한 유대 관계를 맺게 해주고, 아이 자신이 소중하고 가치 있는 존재라는 사실을 깨닫게 해야 한다. 또, 넘지 말아야 할 경계를 확실히 정해주고 감정을 조절하는 방법을 알려주면서, 잘못된 행동이 가져올 결과를 논리적이고 이성적인 방법으로 유추할 수 있게 가르쳐야 한다.

부모는 현실에 적당히 안주하지 말고 아들에게 더 나은 것을 기대할 줄도 알아야 한다. 아들이 부모가 꿈꾸는 성인으로 자라도록 이끌어가면서 현재 행동이 보여주는 결과보다 더 나은 사람이 될 수 있다는 사실을 계속해서 일깨워야 한다. 부유한 부모 밑에서 특권을 누리며 자라면서도 동시에 남을 배려하고 사회에 기여하는 어른으로 자란 남자들에 대한 책을 읽었다. 그 남자들의 부모들은 예외 없이 모두 아이가 아주 어렸을 때부터(심지어는 태어났을 때부터) 인격 교육에 노력과 시간을 들였다. 또한, 아들에게 동정심, 사려 깊음과 배려, 자신의 환경에 감사하면서 다른 사람에게 베푸는 가진 자의 윤리를 심어주려 애썼다.

현대 사회에서는 아이가 태어나면 아이 자체가 가족의 목표가 되고 아이를 중심으로 모든 것의 방향 설정을 새롭게 한다. 하지만 아이들은 지향할 바를 알고 그에 합당한 목표와 비전을 이미 갖추고 있는 가족의 구성원이 될 때 안전하다고 느낀다. 남자아이들은 가족에 대한 소속감을 느끼고 임무를 부여받고 싶어 한다. 가족이 보여주는 이타심과 관용은 그들의 내면 속에 뿌리 깊게 자리 잡을 것이다. 아들을 다음과 같이 격려해보자.

"난 네가 자랑스러워. 동생들과 잘 놀아주다니 우리 아들 정말 멋지다!"

아들은 부모가 믿어준 만큼 성장한다

나는 많은 부유한 아빠들이 자신에게 반항하거나 심지어 자신을 증오하는 아들과 갈등을 겪는 경우를 봤다. 그 아빠들과 이야기를 나누다 보면, 그들이 아들에 대해 공통적으로 품고 있는 생각을 알게 된다. 그들은 아들에게 크고 작은 장난감을 사주고, 멋진 휴가를 즐기게 해주고, 일류 가정 교사를 붙여주고, 경제적으로도 아낌없이 지원하면서 가능한 모든 것을 해줬다고 믿는다. 하지만 아들이, 부모가 인생 코치로서 해주는 말을 듣고 싶어 할 때 곁에 있어주지 않았다. 부모는 아들에게 "넌 그걸 해낼 자질이 충분해."라는 말을 수천 가지의 다른 방법으로 해줘야 한다. 부모가 "넌 이 문제를 해결할 수 있을 거야. 왜냐하면 네게는 그럴만한 능력이 있으니까."라고 말할 때 아들은 수많은 어려움을 헤쳐나갈 힘을 얻는다.

예를 들어, 아들이 운동 경기를 마치고 돌아왔다. 알고 보니 아들은 경기에서 잘 뛰지 못했고 팀도 경기에 졌다. 이때 아빠로서 다음과 같이 말할 수 있다.

"괜찮아. 힘내. 그냥 경기에 한 번 진 거잖아."

그리고 경기 성적에 대한 아들의 기분에 충분히 공감하면서 위로할 수 있다. 위로의 말에는 경기에서 지는 것이 성장하는 과정 중 하나일 뿐이라는 메시지를 담으면 된다.

"네 실력은 꾸준히 좋아지고 있어. 누구나 일이 잘 안 될 때가 있는 거야. 좀 더 연습하면 자신 있게 경기에 띌 수 있을 거야. 배우는 동안은 얼마든지 잘못할 수 있어. 그래도 포기하지 않고 노력하면 너도 모르는 사이에 발전해 있을 거야. 너는 그럴만한 자질이 충분하니까."

역경과 실패는 성장과 축복을 불러오는 촉매다. 티모시 스튜어트(Timothy Stuart) 박사는 《가능성 있는 아이로 키우기(Raising Children at Promise)》에서 사회 경제적인 통계상 최하층민들이 사는 지역의 한 고등학교를, 최고의 졸업률과 성공률을 자랑하는 명문 학교로 바꾼 경험담을 이야기하고 있다. 그가 이렇게 할 수 있었던 비결은 매직 아이 그림을 보듯이 각 학생의 잠재력을 발견해낸 데에 있었다. 매직 아이에 숨겨진 그림을 보려면 첫눈에 보이는 분명하고 확실한 이미지를 무시해야 한다. 즉, 스튜어트 박사가 일으킨 변화도 학생들의 겉모습을 배제하고 아이를 믿어주는 데에서 시작되었다. 다음은 스튜어트 박사가 가능성 있는 아이로 키우기 위해 가르쳐야 할 7가지 성격으로 제시한 것이다.

○ 인내심

○ 행동에 대한 책임

○ 낙관주의

○ 정체성 확인을 통한 동기 부여

○ 진실성

○ 봉사 정신

○ 부지런한 행동력

스튜어트 박사는 학생들이 정체성을 형성할 때 가난함이나 결핍을 근거로 스스로에게 부정적인 꼬리표를 붙이지 않도록 가르치는 분야의 전문가였다. 그는 역경이 오히려 아이들의 인격을 성장시키는 촉매가 될 수 있고, 아이들의 인격은 멘토의 역할에 따라 크게 달라진다고 믿었다. 역경 속에서도 자신을 돌봐주는 어른과 건강한 관계를 맺으면 아이들은 시련을 긍정적으로 받아들이고, 이 시련을 강한 인격을 세우기 위한 디딤돌로 삼을 수 있게 된다.

아들이 건강한 정체성을 확립할 수 있게 하려면…

- 아들이 소속감을 가질 수 있도록 가족들이 지향하는 바를 뚜렷이 인식하게 하고, 생계를 안전하게 책임지는 부모가 되도록 노력한다.
- 아들이 목적의식을 가지고 가족회의, 가훈, 가정 내 임무 등에 대한 결정에 관여하게 한다.
- 아들이 가슴 깊이 간직하고 있는 꿈을 인정한다.
- 부모의 전폭적인 지원과 높은 기대를 보여준다.
- 아들에게 육체적인 도전, 모험, 즐거움을 맛볼 수 있는 기회를 제공한다.

남성성의 위기는 그보다 더 큰 문화적 위기의 일부이자 현대 사회에 대한 태도의 위기이기도 하다.
톰 모턴, 《달라진 배우자》

남자아이들은 여자아이들보다 도덕적으로 불안한 상황에 빠지기 쉽다. 이러한 특성을 무시하면 남자아이 자체를 무시하는 것이 된다.
마이클 거리언, 《좋은 아들》

CHAPTER 02

남성으로서의 아들을 인정하라

남자의 가치는 어디에 있을까? 최근 몇 년 동안 진행되었던 연구의 긍정적인 결과 중 하나는 남자아이들에 대한 오해나 잘못된 이해가 수정되고 있다는 사실이다. 남자아이들만의 독특한 생리나 심리가 바로잡아야 할 특성이 아니라, 건강한 남성성으로 표출될 수 있다는 것이다.

아들과 딸은 엄마 뱃속에서부터 다르다

남자아이들을 그저 요란하기만 한 기계로 보는 것은 옳지 않다. 이러한 시선은 남자아이를 말주변이 없고, 무정하며, 단순한 존재로 여기게 만든다. 사실 남자아이의 마음속에는 영웅이 살고 있다. 즉, 센 힘으로 적을 물리치고 이 독보적인 능력에 대해 칭송받기를 원하는 어린 슈퍼맨이 살고 있는 것이다.

아들과 딸이 다른 사람들과 관계 맺는 법이 어떻게 다른지를 알아내기 위한 많은 실험이 있었다. 아들은 태어나기 전부터 움직임이 활발하다. 임신 8주가 지나면 테스토스테론이 아들의 몸 안에서 변화를 일으키며 발차기를 하도록 만든다. 갓 태어난 딸은 사람의 얼굴과 말에, 아들은 움직이는 물체에 관심을 보인다. 아들은 언어 발달 속도가 딸보다 더 느리고, 초기에 말을 하기보다는 소리를 내는 것을 좋아한다. 말을 처음 배우는 시기에 딸이 하는 말은 대부분 알아듣기가 쉽지만, 이 시기의 아들이 하는 말은 40% 정도만 알아들을 수 있고 나머지는 소음처럼 들린다.

어린이집에서 유아들이 블록 놀이 하는 것을 관찰해보자. 남자아이들은 좀 더 넓은 공간을 차지하며 크고 높은 구조물을 지으려 한다. 반면에 여자아이들은 집을 만들고 파티를 준비한다. 남자아이들은 모래밭에서 뒹굴거나 장난감 자동차 타는 것을 좋아한다. 하지만 여자아이들은 소꿉놀이나 옷장 꾸미기에 관심을 보인다. 평균적으로 여자아이들의 근육량보다 남자아이들의 근육량이 30% 정도 더 많다. 따라서 남자아이들은 힘도 더 세고, 적혈구 세포도 더 많이 가지고 있으며, 그만큼 더 많은 활동이 필요하다. 남자의 뇌는 여자에 비해 좌뇌와 우뇌의 연결이 그다지 활발하지 못해서 뇌가 성장하는 속도가 느리다. 남자아이들이 여자아이들보다 언어 발달이 느리고, 성인 남자가 뇌졸중에서 회복되는 속도가 여자보다 느린 이유도 모두 이 때문이다.

미국에서 매우 흥미로운 실험을 한 적이 있다. 남자아이들과 여자아이들 사이에 생물학적으로 그다지 큰 차이가 없다는 가정 아래 남자아이의 행동 습성이 환경에 좌우된다는 것을 입증하려 한 것이다. 연구원들은 남자아이들과 여자아이들을 한방에 있게 했다. 방 안에서 가지고 놀 장난감이라고는 마론 인형밖에 없었다. 연구원들은 아이들이 성별에 상관없이 비슷한 형태로 인형 놀이를 할 것이라 추측했다. 하지만 이러한 추측을 뒤엎는 실험 결과가 나왔다. 여자아이들이 인형을 안아주고 옷을 입히며 꾸미는 동안, 남자아이들은 인형이 마치 무기나 비행기라도 되는 것처럼 가정하고 던지거나 날리며 놀았다.

이러한 활동은 남자아이들의 뇌가 기능하는 방식과 관련이 있다. 남자아이들은 뇌 구조 자체가 내면보다는 외부 세계에 끌리게 되어 있다. 그래서 주변 환경에 대해서 뛰어다니고 열어보고 만지면서 탐구하려는 경향이 있다. 심지어 행복이나 괴로움을 표현할 때에도 여자아이들과는 달리 몸소 그것을 보여준다. 남자아이들에게는 '주먹이 아닌 말'로 하라는 지시를 따르는 일이 쉽지 않다.

남자아이들은 여자아이들과 달리 뇌가 느리게 성장한다. 때문에 막상 학교에 입학해도 학습할 준비가 되어 있지 않을 확률이 높다. 몇몇 연구에 따르면, 남자아이들은 학습 초기의 불안한 상황 때문에 어려움을 겪는다고 한다. 부모가 보기에 아들이 사회적으로나 지적으로 준비가 되지 않은 것 같으면 잘 지도하고 이끌어줄 필요가 있다.

아들의 정체성을 바르게 심어줘라

지난 수십 년 동안 사회 전반적으로 정치적 정당성을 지키는 게 중요시되었다. 그래서 차별적인 언어나 행동을 피하려 했고, 많은 부모들이 아들과 딸의 차이에 대해 깨달은 사실이 제대로 인정받지 못했다. 하지만 최근의 과학자들 및 사회학자들은 남자아이와 여자아이는 근본적으로 다른 존재로 태어났다는 데 의견의 일치를 보인다. 사실상 남자아이를 이루고 있는 모든 세포는 엄마의 자궁에서부터 여자아이와는 다른 프로그램에 따라 움직인다. 현실적으로 대부분의 사람들은 남자와 여자가 어떻게 다른지, 또 이러한 차이를 바탕으로 어떻게 행동해야 하는지를 제대로 교육받지 못한 채 성 정체성을 더듬거리며 찾아간다. 그리고 이 혼란은 다음 세대에게도 전해진다.

미국 러트거스대학교의 사회학자인 데이비드 파피노우(David Popenoe)는 자신의 저서 《아빠 없는 인생(Life without Father)》에서 "사회 과학적으로 핵심적인 증거의 뒷받침을 받는 이론이 있다. 성에 대한 구별이 확실한 양육이 아이 발달에 중요하고 자녀 양육에 아빠가 기여하는 바를 다른 것으로 대체할 수 없다는 것이다."라고 주장했다. 파피노우가 말하고자 하는 기본적인 사실은 아이에게는 뿌리와 날개가 모두 필요하다는 것이다. 아이는 유아기에 엄마에게 강한 집착을 보이면서 뿌리를 내리고 아빠가 주는 가르침과 훈련을 통해 날개를 얻는다. 아빠는 자녀를 더 넓은 세계로 안전하게 데려다줄 수 있는 사람이다. 험한 세상에서 자기 힘으로 살아가는 법과 꿈에 이르는 법을 가르치는 사람이 아빠라면, 현재 있는 곳에서 안전하게 뿌리내리도록 가르치는 사람은 엄마다.

아들의 감성을 되살려줘라

남자아이들의 일상생활을 들여다보면 감정이 매우 풍부하다는 사실을 발견할 수 있다. 부모는 이러한 남자아이들의 감정을 보호해줄 필요가 있다. 하지만 아이러니하게도 지난 수십 년 동안 극단적인 정치적 정당성을 추구한 결과 그에 대한 반작용으로 마초 문화가 성장했다. 이 문화는 미디어나 게임을 통해 남자들 세계로 퍼져나갔다. 남자아이들은 비열함, 약자에 대한 횡포, 폭력을 일방적으로 미화하는 이러한 문화로 인해 감정적인 면을 억압받는다. 그 결과 남자아이들은 가면을 쓰고 자신의 감정을 숨기게 된다.

  부모는 아들들이 천박한 문화의 노예가 되지 않도록 지켜줄 필요가 있다. 아들은 감정을 표현하는 능력이 본능적으로 부족하다는 것을 깨닫고, 남자아이들이 자신의 상태를 이해하고 감정을 분류하며 표현할 수 있도록 도와야 한다. 남자아이들에게 감정을 분류하는 능력을 키워주면 인간관계 속에서 친밀함을 경험하며 훨씬 더 풍요로운 삶을 살게 될 것이다. 뿐만 아니라 살면서 겪게 되는 힘든 일을 이겨내는 데에도 많은 도움이 될 것이다.

한 남자아이가 엄마와 놀이공원에 갔다. 집으로 돌아오는 길에 엄마가 얼마나 재미있었는지 물어보자 "물에서 미끄럼틀을 탈 땐 정말 재밌었어. 근데 물속으로 미끄러질 땐 슬펐어."라고 대답했다. 아이는 '슬프다'는 말이 아니라 '무섭다'는 말을 하고 싶었을 것이다. 아이 나름대로 감정을 분류하려는 시도로서, 자신의 감정에서 어떤 변화가 일어나는지를 이해하고 표현하는 능력이 발달하는 과정에서 생길 수 있는 건강한 현상이다.

남자들은 여자들에 비해 자신의 감정을 이해하고 분별하는 능력이 떨어진다는 사실을 입증해주는 많은 증거가 있다. 남자아이는 스스로를 보호하기 위해 냉정하게 행동한다. 다른 사람들이 자신을 냉정한 사람으로 취급하면 더더욱 냉정해지려 한다. 부모는 남자아이들이 자신의 감정을 이해할 수 있도록 도와줘야 한다. 더 나아가 그러한 감정으로 이끄는 근원적인 믿음이나 스스로 품고 있는 생각이 무엇인지를 확인할 수 있게 해야 한다. 또, 남자아이들이 부정적인 친구 문화에서 지혜롭게 빠져나와 스스로에 대한 감정이나 행동을 긍정적으로 바꾸어줄 친구들과 어울릴 수 있게 도와줘야 한다.

과연 어떻게 해야 아들에게 적절한 도움을 주는 부모가 될 수 있을까? 이를 위해 아주 효과적인 2가지 전략을 제시한다. 이 전략을 잘 활용하면 아들 양육이라는 긴 여정에 든든한 조언자가 될 것이라 믿어 의심치 않는다. 첫 번째는 아들에게 미래에 대한 계획을 제시해 성공의 확신을 느끼게 하는 전략이다. 세부적인 지시 사항이나 자잘한 간섭이 아니라 충분히 따라갈 수 있는 큰 계획을 보여준다. 두 번째는 자신을 믿어주는 사람에게 충성하는 아들의 특징을 살리는 전략이다. 아들을 믿어주면 종국에는 훌륭한 성인으로 자랄 수 있다. 부모가 아들의 인격과 능력에 대해 보이는 존경심은 아들의 내면에 있는 남성성을 키우기 위한 자양분이 된다.

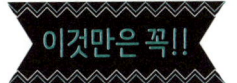

아들의 남성다움을 인정해주려면…

- 아들은 딸보다 외부 세계를 몸으로 직접 부딪치며 체험하려는 경향이 강하다는 것을 이해한다.
- 아들에게 사물이 어떻게 작동하는지를 탐구하고 조사하고 확인할 기회를 준다.
- 아들은 공을 차고 달리기 시합을 하거나 기둥을 타고 오르는 것 같은 놀이가 필요하다. 또, 몸싸움을 하며 경쟁할 수 있어야 한다.
- 아들의 생활에는 체계가 필요하다. 정돈된 생활을 할 수 있도록 도와준다.
- 아들에게는 목표가 필요하다. 아들이 인내심을 가지고 목표 실천을 위해 나아가도록 도와준다.

아버지와 사이가 나쁜 사람에게는 문제가 있다. 심술궂고 위험하고 분노에 찬 사람이 되기 쉽다.
빌 글래스, 전 미식축구 선수

성인 남자들에게 정신적으로 꼭 필요한 안내를 받지 못한 남자아이들은 문화라기보다는 폭력 조직을 만들기 쉽다. 인생 선배인 남성들은 남자끼리 세대 간에 느끼는 특별한 매력과 훈육으로 남자아이들을 이끌어갈 수 있다.
마이클 거리언, 《남자아이 심리백과》

CHAPTER 03
아빠는
아들에게
특별하다

남자아이는 남자 되는 법에 대한 프로그램을 배워야 하고 이러한 프로그램을 제공해줄 성인 남성이 필요하다. 아빠는 아들에게 이와 같은 본보기가 될 수 있는 특권이 있다. 이는 아빠가 아들에게 해줄 수 있는 가장 소중한 선물일 것이다. 아빠와 아들 사이에는 특별한 유대 관계가 있고 아들은 아빠에게 인정받을 때 커다란 기쁨을 느낀다. 아들이 아빠에게 맞서 힘을 시험하는 과정을 통해 인생을 배우는 일은, 살아가면서 겪을 수 있는 가장 나쁜 시나리오로부터 자신을 보호할 수 있는 최선책이기도 하다.

아들은 아빠가 주는 사랑, 안내, 지시, 격려를 통해 자연스럽게 남자들의 세계에 입문한다. 지난 수십 년 동안에 진행된 많은 연구에서 확인된 바에 따르면, 아빠가 없거나 부모가 자주 다투고 폭력적인 가정에서 자란 남자아이들은 사회적인 약자가 되기 쉽다고 한다. 뿐만 아니라 남자아이들의 인생 전반에 걸쳐 아빠의 역할은 매우 중대한 것으로 드러났다.

아빠의 관여는 아들의 미래에도 중대한 영향을 끼치는데, 아빠에게 받은 좋은 양육이 아들의 삶에 끼치는 영향은 시간이 흐르면서 점점 더 드러난다. 아들은 사회성이 뛰어나 친밀한 인간관계를 맺는 데에 능숙하고 다른 사람들을 공감하는 능력도 뛰어난 사람이 된다. 어릴 때부터 양육에 참여한 아빠를 둔 아들이 모든 면에서 더 뛰어나다는 사실을 보여주는 연구 결과가 많이 발표되고 있다. 이러한 환경에서 자란 남자아이는 공부를 잘하고 사회적으로나 감정적으로 대처 능력이 뛰어날 뿐만 아니라 일에서도 성공할 가능성이 크다.

아빠는 단지 부모 중 한 사람이 아니다. 아빠에게는 아빠만의 양육 방식이 있다. 아빠들이 아들과 자연스럽게 놀아주는 방법은 남자아이들에게 꼭 필요한 상호 작용이라 볼 수 있다. 목이 쉴 때까지 소리를 지르거나, 경계를 넓혀가며 아빠와 함께하는 신체적 놀이는 남자아이가 건강하게 자라는 데에 필수적인 요소다. 엄마들은 아이를 돌보고 편안하게 해주려는 경향이 있지만, 아빠들은 특별하고 남자다운 방식으로 아들과 놀아주고 가르치면서 아이에게 활기를 불어넣는다.

아빠와 함께하는 놀이는 아들의 감정 조절력을 향상시킨다

윌리엄 폴락(William Pollack)은 《진짜 소년들(Real Boys)》에서 아빠만의 흥미로운 놀이가 남자아이의 발달에 얼마나 큰 영향을 끼치는지 보여준 연구에 대해 언급하고 있다. 이 연구에 따르면, 남자아이들(특히 어린 남자아이에게 더욱 중요하다)은 아빠와

의 놀이를 통해 감정을 조절하고 통제하는 능력을 배운다. 또, 장난기 많고 활기 넘치는 놀이 방법은 남자아이들이 아빠의 감정을 읽을 수 있도록 돕는다.

아빠가 아들과 거칠게 몸을 굴리며 노는 것을 보면 엄마는 질색하며 싫어하기도 한다. 하지만 이 과정은 남자아이들이 자라는 데에 꼭 필요하다. 아들은 아빠와 상호 작용하면서 싸우지 않고 신사답게 의사소통함으로써 공격성을 조절할 수 있게 된다. 신체적으로 뒤엉키고 경쟁하는 놀이는 단지 남자들의 열광을 만족시키는 것에 그치지 않는다. 남자아이들은 이 과정에서 감정을 조절하고, 행동 대응 범위를 가늠하는 방법을 배운다. 아빠와 거칠게 놀던 아이가 더 이상 참지 못하고 울면서 그만하겠다고 하면 아빠는 아들의 사정을 봐주면서 상황을 조절할 것이다.

남자아이는 아빠의 표정과 몸짓을 읽는 법과 자신의 행동이 어느 정도까지 받아들여질지를 이해하는 법을 배운다. 나아가 사회적인 충돌과 경쟁에 익숙하게 대처하는 법도 배울 수 있다. 또, 복잡한 감정의 소용돌이에 휩싸였을 때 어떻게 대처해야 하는지도 배우게 된다. 아빠가 농담을 하고 있는지 그렇지 않은지 판단하는 법을 알게 되고, 아빠의 장난과 농담이 선을 넘었다는 사실을 알려줄 수 있는 단계까지 도달한다. 아빠는 아들이 감당할 수 없는 수준까지 몰고 가 아들을 좌절시키지 않도록 상황을 조절할 것이다. 그리고 아들이 힘들어하는 문제를 제대로 이해할 수 있도록 설명해주고, 감정 조절을 할 수 있을 만큼 성숙하도록 도와준다.

부자 관계는 아들에게 특별한 의미가 있다

윌리엄 폴락은 유아기 부자 관계에서 얻은 교훈이 일생 동안 감정 조절에 중요한 영향을 끼친다고 강조했다. 이는 남자아이들이 커서 학문적인 문제 해결을 위해 끈질기게 버틸 때, 새로운 환경을 맞닥뜨렸을 때, 좌절감을 극복할 때 보여주는 능력과도 관련이 있다. 아들은 남자들만의 세계에서 자신이 감당할 수 있는 능력에 대해 의문을 품을 것이다. 아빠는 이에 대해 아들을 사랑하는 마음에서 우러난 존경을 보여줘야 한다. 그리고 그 속에는 부모가 아들을 향해 무의식적으로 품거나 공공연히 드러내는 다음과 같은 메시지가 녹아 있어야 한다.

"아들, 넌 해낼만한 충분한 자질이 있어."

이때 남자들이 흔히 하기 쉬운 조롱하는 말이나 상대를 깔아뭉개는 말을 하지 않도록 조심해야 한다. 아버지에게 "넌 절대 안 돼."와 같은 좌절시키는 말을 듣고 자란 부모라면, 아들에게 들려줄 긍정적인 말을 의식적으로 연습할 필요가 있다. 아들이 부모에게 어떤 말을 가장 듣고 싶어 할지를 생각해보고 그 말을 연습하자. "넌 할 수 있어!"와 같은 말만큼 힘을 북돋워주는 것도 없다.

어려운 가정 환경에서 자랐더라도 좋은 아빠가 될 수 있다. 그 비결은 아빠가 자신의 아버지가 했던 행동을 답습하거나, 수동적이고 소극적인 아빠가 되지 않는 데에 있다. 비합리적이고 화를 잘 내는 아버지 밑에서 자란 아빠들은 자신이 어린 시절 겪었던 고통을 주고 싶지 않아 아들이 듣기 싫어하는 말을 하지 않고 내버려두기 쉽다. 하지만 아이에게 진정으로 필요한 것은 사랑이 넘치지만 엄할 때는 엄하고, 정의롭지만 친구 같은 아빠다.

아들을 비웃고 인격적으로 모독하며 조롱하는 아빠들이 생각보다 많다. 이러한 아빠들은 아들이 힘이나 능력을 시험하는 현장에서 모욕감을 느끼게 하거나 중요한 기회를 놓치게 한다. 특히 사람들 앞에서 아들에게 모욕을 주는 행동은 절대 하지 말아야 한다. 아들은 위엄을 지키며 다른 사람들로부터 존중받기를 원하는 성향이 강하다. 그러므로 어떤 식으로든 남자아이들을 비웃거나 놀리지 말아야 한다.

남자들 사이의 인정은 아들에게 힘이 된다

아이들이 좋아하는 영화 '나니아 연대기'에는 의미심장한 장면이 있다. 주인공 피터가 백발 마녀와 마지막 결투를 준비하면서 군대를 걱정스러운 표정으로 내려다보고 있자 여동생이 속삭인다.

"아슬란은 오빠가 잘 해낼 것이라 믿고 있어."

이 말은 곧바로 피터의 풀 죽어 있던 영혼을 일으킨다. 이기적이고 바보같이 굴어 가족을 위기에 빠뜨렸던 남동생 에드먼드도 아슬란의 용서를 받으면서 위기에 대처하는 능력을 보이기 시작한다. 이 장면에서 변하지 않는 진실을 엿볼 수 있다. 남자아이는 자신이 존경하는 남자의 인정을 받는 순간 능력이 향상된다는 것이다. 그렇다면 아빠들은 아들에게 남자가 되는 것이 무엇인지를 보여주고 도와주면서 목표를 이루어가도록 영감을 불어넣을 수 있는 중요한 기회를 손안에 쥔 것이나 마찬가지라고 말할 수 있겠다.

성인 남성이 아들의 멘토가 되어주는 일은 2가지 측면에서 매우 중요하다. 첫 번째는 할 수 있다는 영감을 불어넣는 것이고, 두 번째는 문제 해결을 도와주는 것이다. 아들이 문제를 해결할 수 있도록 도울 뿐만 아니라 성공할 수 있다고 믿어주는 일은 동전의 양면과 같다. 아빠는 아들의 행동에 문제가 생기거나 실패했을 때 포기하지 않고 자리를 박차고 일어나 다시 도전하도록 가르치는 사람이 될 수 있다.

아들을 조건 없이 일관되게 사랑하라

청소년의 일탈 행위를 막는 2가지 중요한 원칙이 있다. 바로 양육에 기꺼이 참여하는 아빠와 온전한 가족이다. 특히 아빠가 아들에게 보여주는 무조건적이고 일관된 사랑은 필수적이다. 특정 조건이 따라붙는다면 그것은 사랑이 아니라 협상이다.

전 미식축구 선수이면서 36년 동안 청소년 범죄와 관련된 일을 해온 빌 글래스(Bill Glass)는 다음 일화를 들려줬다.

나는 텍사스 주 감옥에서 일했다. 그곳에는 300명의 청소년 죄수가 수감되어 있다. 나이는 10~15살 사이다. 이들이 저지른 범죄는 사람들의 상상을 초월할 정도로 다양하다. 나는 교도관에게 물어봤다.
"작년에 이 아이들 중 몇 명이나 아빠가 면회를 왔나요?"
"1명이요. 겨우 15분 머물렀는데 곧 아들과 싸우기 시작하더니 불같이 화를 내며 뛰쳐나가버렸죠."
과격한 표현일 수 있지만 그들은 아빠도 아니다. 아빠는 무슨 일이 있어도 아이들과 함께 남아 있기 때문이다.

뉴질랜드에서 가장 큰 남자 고등학교의 교장이었던 존 그레이엄(John Graham) 박사에 따르면, 남자아이들이 문제 상황에 휘말렸을 때 엄마뿐만 아니라 아빠가 적극적으로 관여해 학교와 함께 도와주면 문제는 별 탈 없이 해결될 수 있다고 한다.

아빠와 아들 그리고 운동은 떼려야 뗄 수 없다

사람은 누구나 어딘가에 소속되기를 원한다. 특히 남자아이들은 무리의 일부가 되었을 때 편안함을 느낀다. 운동은 남자아이들의 생활에서 아주 중요한 역할을 한다. 남자아이들은 운동을 통해 남자 간의 유대나 장악력뿐만 아니라 절제력을 배운다. 또, 운동을 하면서 남자아이 특유의 신체적인 활발함을 드러내고 구조적으로 적절하게 경쟁하는 법을 배운다.

남자아이들은 언쟁이 생겼다고 해서 놀이를 그만두지 않는다. 싸우다가도 다시 놀이로 돌아와 경쟁하는 데에 몰두한다. 남자아이들에게 중요한 것은 놀이 자체다. 그러나 여자아이들은 놀이를 하다가 싸우게 되면 대부분은 놀이를 그만둔다. 여자아이들에게는 놀이보다 관계가 더 중요하기 때문이다.

남자아이들은 10대 후반이나 어른이 되어도 전문적인 선수든 아마추어 수준에서 경기하든 상관없이 여전히 운동을 즐긴다. 남자아이들은 동료와 친밀하게 어울리며 경기를 하는 행위 자체를 즐기기 때문이다. 남자들은 아이, 어른 할 것 없이 단순 경쟁을 좋아한다. 그리고 동료들과 경기의 점수나 동작에 대해 이야기하며 동료 의식을 느끼고 싶어 한다. 남자아이들에게만 해당하는 특징 중 하나는 소속감이다. 남자아이들은 남자들끼리 우정을 나눌 수 있는 무리에 소속되기를 원한다. 이에 대해 루이스(C. S. Lewis)는 《네 가지 사랑(Four Love)》에서 다음과 같이 설명하고 있다.

> 인류 초기 공동체에서 사냥꾼이나 전사로서 남자끼리 협력하는 일은 아빠가 되어 아이를 양육하는 것만큼이나 중요했다. 역사가 시작되기 오래전부터 남자들은 여자들에게서 떨어져나와 그들이 하고 싶거나 해야만 하는 일에 무리를 이루어 달려들었다. 당시 남자들끼리 뭔가를 해내야 한다는 생각은 생존과 연관된 가치를 띠고 있다.
> 남자들은 사냥이나 전쟁을 계획해야 했다. 또, 사냥이나 전쟁이 끝나면 시체를 뒤지며 검시하거나 비겁한 자나 실수한 자를 처벌하는 일도 했다. 공적을 세운 자에게 상도 주었다. … 남자들만의 업무에 대한 대화도 나눴다. 사실 그들은 남자들끼리의 교제를 매우 즐겼으며, 기술, 위험, 소수만 이해하는 농담을 공유하며 한데 뭉쳤다.

아들이 운동에 재주가 없다 하더라도 아이를 경기장으로 데려가 규칙을 설명해주자. 그리고 공을 다루는 기술을 가르쳐 또래의 다른 남자아이들과 적절히 경쟁할 수 있게 해주자. 남자아이들은 자신들만의 경기 문화에 받아들여져 유능한 선수가 되는 기분을 맛볼 필요가 있다. 아주 어렸을 때부터 또래 남자아이들이나 좀 더 나이가 많은 다른 남자들에게 배척당하며 이질감을 느끼게 되면 아이에게 부정적인 자아가 형성될 위험이 커진다. 남자아이들은 종족의 구성원이 되는 경험을 즐기는 경향이 있다. 무리와 함께 있는 것은 감정적으로 강도 높게 교감하며 일대일로 대화해야 하는 압박을 덜어준다. 그리고 여자들에 비해 연결된 신경 회로 수가 더 적은 남자의 뇌가 무리하지 않고도 일을 계속할 수 있게 만든다.

뉴질랜드의 소년 법원 재판관인 앤드류 벡로프트(Andrew Becroft)는 최근에 자신이 관찰한 2가지 사실에 대해 이야기했다. 첫 번째, 뉴질랜드에서 법적으로 문제를 일으킨 많은 사춘기 남자아이들은 아빠의 보살핌을 제대로 받지 못하고 있었다. 두 번째, 범죄를 저지른 젊은 남자들은 한결같이 운동을 전혀 하지 않고 있었다. 이는 아빠의 부재와 운동을 하지 않는 것의 관련성이 생각보다 클 수 있다는 점을 시사한다.

운동은 아들과 즐겁게 지낼 수 있는 멋진 방법이다. 아들이 머리를 감지 않으려 하거나 저녁을 먹지 않으려 하는가?

아니면 심부름을 하지 않으려 하는가? 말 안 듣는 아들을 야단치거나 다른 즐거움을 빼앗지 않더라도 부모가 원하는 대로 통제할 수 있는 방법이 있다. 아들에게 어떤 일을 끝마치면 자전거를 타러 나가거나 놀이터에서 캐치볼을 할 수 있다고 제안한다. 아이는 갑자기 태도가 돌변해서 말을 잘 들을 것이다. 아빠는 아들에게 건강한 스포츠 활동에 대해 알려주고 그에 대해 아들과 이야기를 나눠야 한다. 집안 분위기가 험악해지거나 아들과 이야기를 나누다가 서로 감정이 격해졌다면 아들을 데리고 나가 농구를 하거나 달리기라도 해보자. 이는 아들에게 필요한 감정의 분출구를 만들어줄 수 있다.

아들에게 사명감을 심어줘라

아빠는 위험을 감수하며 느끼는 흥미진진함 속으로 아들과 함께 기꺼이 뛰어들 수 있는 사람이자, 아들에게 책임감과 직업윤리를 가르쳐줄 수 있는 사람이다.

남자아이들에게는 소속감과 사명감이 필요하다. 따라서 아들에게 가족의 소중한 구성원이라는 느낌을 받게 해줘야 한다. 또한, 아들이 가족 안에서 맡은 역할뿐만 아니라 존재 자체만으로도 사랑스럽고 중요한 존재라는 느낌이 들게 해야 한다. 아들이 집안에서 아무 일도 하지 않고 편하게 지내도록 하는 것은 진정으로 아이를 위한 길이 아니다. 아들에게 입었던 옷을 세탁기에 집어넣게 하거나 스스로 방을 치우게 하자. 애완동물에게 먹이를 주는 일을 맡겨도 좋다. 아들이 소소한 집안일을 돕다 보면, 가족에 대한 유대감을 느끼는 것은 물론이고 가족 구성원으로서 중요한 존재라는 기분이 들 것이다.

아빠들은 엄마와 협력해 아들에게 가족이 지향하는 바를 깨닫게 해주고 사명감을 심어줘야 한다. 그리고 서로에 대한 헌신, 협력, 근면 등 가족 전체가 소중히 여기는 가치를 분명히 알려줘야 한다. 이와 같은 부모의 지도를 받는 아들은 가족이란 팀의 한 구성원으로서 안전감을 느끼며 존중받는다고 생각한다.

부자간의 끈끈한 유대감이 필요하다

영국의 아동 심리학자인 스티브 비덜프(Steve Biddulph)에 따르면, 남자아이가 4살 정도가 되면 남자로서 롤모델을 찾기 시작한다고 한다. 즉, 부모가 아들과 나누는 대화나 아들의 질문에 대한 대답은 모두 어떻게 남자가 되는지에 대한 정보를 수집하는 과정의 일부가 될 수 있다.

아빠가 아들에게 즐거움을 주려면 어떻게 해야 할까? 기본적으로는 아빠 자신이 즐거워야 한다. 남자가 되는 법을 배울 수 있는 곳으로 아들을 데려가보자. 운동장이나 아빠의 직장도 좋다. 그곳에서 아들에게 작은 일을 맡긴 다음 주어진 일을 해내면 폭풍 칭찬을 해준다. 또는, 아들이 하고 있는 놀이나 운동에도 관심을 가지고 실질적으로 도와준다. 아들을 영웅으로 만드는 이야기를 만들어보고 아들과 함께 있을 때 들려줄 수도 있다. 아들을 남자들끼리의 가족 행사에 참여시키는 것도 좋은 방법이다. 일요일 아침에 아빠와 아들이 온 가족을 위해 팬케이크 굽기를 함께 해보자.

남자들이 즐기는 활동을 아들과 함께하면서 그 즐거움을 알게 해준다. 대부분 남자아이들은 자동차, 컴퓨터, 낚시, 등산과 같은 남자들의 세계를 배우고 싶어 한다. 아들이 궁금해하는 것에 대해 이야기를 들려주거나 활동을 같이하면서 부자간의 유대 관계를 맺을 수도 있다. 아들이 좋아하고 아빠가 즐기며 할 수 있는 것이라면 무엇이든 상관없다. 아들은 다양한 분위기 속에서 여러 활동을 하면서 아빠를 알 필요가 있다. 함께 물건을 고치거나 운전을 하거나 책을 읽거나 요리를 해보는 것도 좋다.

아들은 아빠에게 동정심을 배운다

아빠는 아들에게 무한한 애정을 느낀다. 이러한 사랑은 아들을 위해 여러 가지 일을 하는 과정에서 드러날 것이다. 또, 아빠들은 외부 세계로부터 아들을 보호하려 한다. 아빠와 좋은 유대 관계를 맺지 못했거나, 아빠와 대화를 자주 나누지 못했거나, 늘 부정적이고 화를 잘 내는 아빠를 둔 사람들은 이상적인 양육과는 거리가 먼 행동을 되풀이한다.

아빠가 갈등 상황에서 분노를 조절하지 못한다면 주변에 도움을 요청한다. 이는 절대 부끄러워할 일이 아니며, 아들을 사랑하는 아빠로서 당연히 해야 할 일이다. 자신이 받은 고통을 아들에게 물려주는 악순환의 고리를 끊고 싶다면 어떻게 해야 할지를 자문해보자. 아들이 분노를 조절하기 위해 노력하는 아빠를 본다 해도, 아들은 그것을 아빠의 인격적인 결점으로 받아들이지 않는다. 오히려 그러한 아빠를 존경하게 될 것이다. 뿐만 아니라 아들에게도 좋은 본보기가 되어줄 것이다. 아들은 아빠를 통해 분노를 조절하는 힘을 보면서 남성성의 진정한 롤모델로 삼게 된다.

데이비드 파피노우는 저서 《아빠 없는 인생》에서 아빠란 존재가 남자아이의 동정심이나 연민을 키우는 데 많은 영향을 끼친다고 주장한다. 최소한 일주일에 한두 번 아빠와 함께 시간을 보낸 남자아이들은 다른 사람에게 공감하고 동정하며 배려하는 능력이 큰 것으로 드러났다.

아들 잘 키우는 tip
적극적으로 양육하는 아빠의 장점

☆ 적극적으로 양육하는 아빠를 둔 자녀들은 좌뇌와 우뇌의 연결이 더욱 활발히 이루어진다. 특히 아빠와 가까이 지내며 조언을 받는 아들은 언어 구사 능력이 발달한다.

☆ 아빠와 즐겁게 지내는 시간이 많은 남자아이들은 수학에서도 더 뛰어나다.

☆ 아빠의 양육을 받지 못한 남자아이들은 일탈을 저지르기 쉽다.

☆ 따뜻하고 자상한 아빠가 있는 가정에서는 정신 질환의 발병률이 훨씬 낮아진다.

재미있는 아빠가 되어라

남자아이들에게는 아빠가 전해주는 재미, 놀라움, 농담, 따뜻함과 같은 것이 필요하다. 이 즐거움은 자녀가 건강하게 자랄 수 있는 안전한 환경을 만들어주기 때문이다. 아이들이 성인이 된 뒤에 집안에서 일어난 일을 시시콜콜하게 기억하지는 못하지만, 집안에서 느꼈던 분위기는 살아가는 동안 결코 잊지 않는다.

실천하기

퇴근이 늦은 날에 집에 들어가자마자 아들의 방으로 직행하자. 그리고 아들을 깨운 뒤 이렇게 말한다.

"얼른 밖에 나가서 차에 타."

"왜요?"

"묻지 말고 일단 차에 타."

"옷 갈아입어야 돼요?"

"아니. 잠옷 그대로 나가도 괜찮아."

아들은 영문을 몰라 하며 얼떨떨해할 것이다. 하지만 아빠가 아들을 데려간 곳은 아이스크림 가게다. 아빠는 종업원에게 "우리 팀 최고의 선수에게 줄 건데요."라고 하면서 아들을 돌아본다.

"무슨 맛 먹고 싶어?"

"초콜릿."

"초콜릿 하나랑 딸기 맛도 주세요."

아이스크림을 사서 집으로 돌아올 때 아들이 묻는다.

"아빠, 무슨 일이야?"

"말 그대로 넌 우리 팀 최고 선수니까."

아들은 아빠가 사랑하는 가족에게 멋진 시간을 만들어주고 있다는 것을 깨달을 것이다.

아들에게 남성성을 가르쳐줄 사람은 많으면 많을수록 좋다

아빠는 아들을 위해 자신을 대신할 사람을 찾아줘야 한다. 아빠를 대신할 사람은 아들에게 믿음을 주는 헌신적인 사람이어야 한다. 운동부 감독, 학교 선생님, 친척이나 이웃이어도 좋다. 남자로서 좋은 롤모델이 되는 어른이 함께하면 남자아이에게 남성성의 본보기를 제공할 수 있다. 롤모델이 될만한 남성이 아들과 보드게임을 해주거나 아들에게 이야기책을 읽어줌으로써 안전하고 편안한 느낌을 주는 남자들만의 시간을 가질 수 있다. 이 시간을 통해 남자아이들은 기성세대의 지혜를 배운다.

아들은 리더십에 반응한다

아들은 아빠의 확신에 찬 리더십에 반응한다. 아빠가 가족을 책임지기에 충분한 가장임을 스스로가 믿어야 한다. 아빠는 복잡하고 험난한 세상에서 어떻게 아이들을 보호할 것인지, 어떻게 아이들의 내면에 올바른 가치와 기준을 세워줄 것인지를 공부해야 한다. 사랑, 즐거움, 일관성, 소통이 있는 가정을 만듦으로써 아들에게 긍정적인 영향을 주어야 한다.

3R을 활용하라

아들을 잘 양육하고 싶은 부모는 다음의 3R을 활용해보자.

○ 규칙(Rules)
○ 일상(Routines)
○ 장난기(Ridiculousness)

우선, '규칙'에 대해 알아보자. 모든 가족에게는 규칙이 필요하며 규칙을 다룰 줄 아는 부모도 필요하다. 남자아이들은 '누가 총책임자인가? 규칙은 무엇인가? 규칙을 정당한 방법으로 적용하고 있는가?'와 같은 질문을 던진다고 한다. 남자아이들과 함께할 때에는 간단명료하고, 일관성이 있어야 하며, 시각적인 요소 또한 중요하다. 이러한 질문은 남자아이를 양육할 때 확인해야 할 가장 보편적인 기본 요소다.

한편, 남자아이의 생활에서 체계를 갖춘 '일상' 역시 중요하다. 남자아이는 뇌의 활동 방식이 이러한 구조에 적합하기 때문에 정해진 흐름이 있는 일상을 즐겁게 받아들인다. 체계를 갖춘 일상에 따르는 것은 아이들에게 이득이 될 뿐만 아니라 부모의 삶에서 발생할 수 있는 스트레스를 덜어준다.

마지막으로 '장난기'에 대해 알아보자. 아빠는 재미, 재치, 장난기를 소홀히 하지 않아야 한다. 아빠는 아들에게 새로운 경험을 하게 하여 삶의 경계를 넓혀줄 수 있는 존재다. 여름에는 아들과 아들 친구들을 놀이터로 데리고 가 물폭탄 싸움을 해보자. 겨울에는 아들을 데리고 눈썰매를 탈 수 있다. 아들이 정리 정돈을 어려워할 때에는 역할극을 통해 재밌게 가르쳐줄 수 있다. 재밌게 대화하고 유머를 하는 게 어렵더라도 아이를 위해 연습하고 노력하는 아빠가 되어보자.

아들 앞에서 부인에 대한 사랑과 존경을 보여줘라

남자아이들은 아빠가 엄마를 대하는 방식을 보며 여성에 대한 관점을 키운다. 아빠는 엄마를 옆에서 지지하는 강하고 확고한 팔이 되어야 하며, 가족 안에서 항상 엄마를 존중해야 한다. 그래야 자녀들이 말을 안 듣거나 반항하는 시기가 와도 엄마, 아빠가 함께 꿋꿋하게 버틸 수 있는 강력한 심리 작용을 할 수 있다.

밖에 나갔다가 집에 돌아올 때에는 가장 먼저 부인에게 인사하자. 그리고 아이들과 10분 정도 놀아준 다음 이렇게 말하며 아이의 양해를 구한다.

"이제 엄마랑 대화할 시간이야."

요즘 젊은 아빠들에게는, 점잖고 품위 있게 아내와 대

화하면서 아내를 존중하는 모습을 보임으로써 아들이 여성을 존중하도록 가르치기를 권한다. 또, 여자 형제들이 싫다고 할 때는 그 뜻을 존중하고 말을 가려서 하도록 가르쳐야 한다.

실천하기

아들을 둔 아빠를 위한 양육 비결

☆ 아빠 시간 | 아들에게 저녁 식사 후 아빠 시간을 함께 보내자고 제안한다. 우선 그 시간에 무엇을 할 것인지 의논하는 일부터 차근차근 시작해보자.

☆ 레슬링 | 아들과 함께 '갑자기 확 잡기, 껴안고 간지럼 태우기, 쓰다듬고 문지르기, 특별한 방법으로 침대에 데려가기 (소방관이 구조하듯이, 어미 고릴라가 새끼를 안아주듯이, 경찰이 체포하듯이 등), 레슬링하며 뒹굴기' 등과 같은 신체적 접촉을 한다.

☆ 부드러운 양육 | 아빠가 아들에게 매일 밤 머리맡에서 들려주는 이야기를 만든다. 저녁 식탁에서 들려주는 이야기를 만들 수도 있다. 아이들은 날마다 이야기를 기대하게 된다. 아주 작고 사소한 이야기라도 괜찮다. 그밖에 아이에게 책을 읽어주고, 아이가 숙제나 맡은 집안일을 잘하는지 보살

펴주며, 감정을 조절하지 못할 때 진정할 수 있도록 도와주는 것도 좋다.

☆ **다른 아빠들과의 협동 양육** | 낚시, 캠핑 등과 같은 야외 활동을 즐기는 아빠가 꼭 해볼만한 일이 있다. 같은 취미를 가진 또래 아빠들과 모임을 만드는 것이다. 모임 회원들끼리 연말이면 아들들과 함께하는 행사를 가진다.

☆ **둘레길 걷기** | 아들과 가볍게 떠나는 걷기 여행을 계획한다. 출발하기 전 장비와 먹을거리를 함께 준비한다. 당일치기나 1박 2일로 가볍게 떠나는 여행은 부자간의 연대감을 높인다. 아들이 어렸을 때 시작한 여행은 자라서 성인이 된 뒤에도 특별한 행사로 자리 잡을 수 있다.

☆ **게임** | 남자아이들은 경쟁을 즐기기 때문에 보드게임을 하면 좋아한다. 규칙을 지키며 정정당당하게 게임하는 법을 가르쳐주자.

아들이 원하는 아빠는…

- 헌신적인 아빠
- 멘토가 되는 아빠
- 심지가 굳고 공평하면서도 친구 같은 아빠
- 아들에 대한 확실한 비전을 가진 아빠
- 재미있는 순간을 만들 줄 아는 아빠
- 일관성 있는 아빠
- 남자들의 세계로 이끌어주는 아빠
- 아들을 믿어주는 아빠
- 어른의 지혜를 전해주는 아빠
- 무엇을 어떻게 해야 할지를 보여주는 아빠
- 아들과 놀아주는 아빠

양육을 잘한다는 것은 단지 아이를 낳아 적절히 돌봐주며 좋은 옷이나 안전한 자동차처럼 필요한 물질을 채워주는 것 이상이다. 좋은 엄마는 아이들의 질을 떨어뜨리는 문화에 맞설 줄 알아야 한다. 또, 자신만의 양육 역사를 써나갈 줄도 알아야 한다.

브렌다 헌터, 《모성애의 힘》

아기에게 엄마는 안전한 기지이자 세상을 자신 있게 탐험하게 해주는 존재다.

존 볼비, 《애착과 상실》

CHAPTER 04

엄마가 똑똑한 아들을 만든다

원시 시대부터 엄마의 삶을 이끌어온 나침반은 아들에 대한 사랑과 아들을 양육하고 보호하려는 본능이다. 현대인들은 이와 관련된 아이러니를 경험하고 있다. 요즘은 누구나 양육과 관련된 많은 연구 결과에 폭넓게 접근할 수 있고, 이를 통해 부모의 본능으로 이미 알고 있던 사실을 확인하게 된다. 그런데 사람들은 대부분의 연구 결과를 있는 그대로 받아들이지 않고, 자신만의 프리즘을 통과시킨 뒤 읽어낸다. 사회적 의제나 정치의 영향을 받기 때문이다.

현대 사회에서 엄마는 자신의 본능이나 마음을 따르지 못하도록 압박받는 상황이 흔하다. 요즘 여성들은 동료 집단으로부터 받는 사회적 압력이나 재정적인 부담에 떠밀려 가능하면 빨리 직장으로 복귀하는 경우가 많다.

아들에게 엄마는 특별한 존재다

많은 연구 결과에 따르면, 아들이 태어나 3~4살이 될 때까지 엄마가 곁에 있는 것이 중요하다고 한다. 아들을 바르게 키우고 싶은 엄마라면 아들이 2~3살이 될 때까지가 가장 중요한 시기임을 알고 있어야 한다. 이 시기 아이들은 대부분이 말을 못하지만 인지 영역이 발달하는 과정에 있다. 이 시기는 아이의 두뇌를 고르게 발달시키고 자신에 대한 믿음을 키우는 데 더없이 중요한 시간이기도 하다. 이 시기의 아이들에게는 엄마만이 해줄 수 있는 아주 특별한 역할이 있다.

아이들은 스스로 생존할 수 있는 능력을 거의 가지지 못한 채 태어난다. 엄마는 이러한 아이를 세상으로부터 보호해줄 따뜻하고 안전한 보호막이다. 편안하게 먹여주고 입혀주며 보듬어주는 엄마의 손길은 아이의 두뇌에서 신경 회로를 발달시키고 감정을 부드럽게 만든다. 아이가 좀 더 자라면 다른 아이들과 함께 교육을 받으며 외부 자극을 받고 잘해나갈 수 있다. 하지만 그전에 아주 어린 아기일 때에는 엄마와 일대일로 반응하는 돌봄을 받아야 한다. 아기는 약 18개월이 될 때까지 엄마와 자신을 분리된 존재로 보지 않는다. 그러다 때가 되면 자연스럽게 엄마로부터 독립한다. 아이가 2살쯤 되면 '싫어, 나, 내 거'와 같은 말을 사용하기 시작한다. 이는 엄마와 자신을 확실히 분리해서 보기 시작했다는 표시다. 이 시기에 아기는 어디까지 혼자서 해낼 수 있는지를 스스로에게 물으며 자신만의 능력을 키워간다.

그렇지만 이와 같은 독립이 이루어지기 전에 건강한 애착 관계를 형성하는 것이 무엇보다 중요하다. 아이가 태어나

처음 18개월 동안 머리와 마음속에서 거의 모든 것이 결정된다. 그리고 이때 결정된 것이 미래의 건강은 물론이고 정신적이고 도덕적인 삶에까지 영향을 끼친다. 오늘날 청소년들 사이에서 문제가 되고 있는 분노, 좌절, 양심 부족이 발생하는 원인은 유아기를 어떻게 보냈는가에서 찾을 수 있다.

엄마는 아들의 인격뿐만 아니라 영혼까지 양육할 수 있는 존재다. 부모가 아들의 양심을 키울 수 있는 능력은 아이들과 맺는 감정적인 유대 관계에 따라 달라진다. 부모가 어린 시절 아들 곁에 머물며 아들이 얼마나 소중한 존재인지에 대한 일관되고 긍정적인 메시지를 끊임없이 주면 아들 역시 부모를 기쁘게 해주고 싶은 마음이 샘솟는다. 《도덕 감각(The Moral Sense)》의 저자이자 스탠퍼드대학교의 윤리학자인 제임스 윌슨(James Wilson)은 "양심은 부모 자식 간의 애착 관계가 강할수록 더욱 강력하게 발달한다."라고 말하며 다음과 같이 덧붙였다.

"강한 양심을 가진 남성이 반드시 강력하게 억제된 공격성을 가진 사람일 필요는 없지만 강력하게 발달한 소속감은 가지고 있어야 한다."

윌슨은 아이들의 양심은 부모, 특히 엄마와 맺는 따뜻하고 애정 어린 애착 관계 속에서 자란다고 믿었다. 사랑받으며 자랐기에 그에 대한 보답으로서 다른 사람을 사랑하도록 배운 아이들은 누구보다도 먼저 부모, 특히 엄마를 기쁘게 해주고자 한다. 그리고 이러한 애착 관계는 다른 가족과 동료에게로 확대된다. 이처럼 아이들이 동정심, 공정성, 자기 통제력을 배우며 익히는 원천은 부모와 맺는 보편적인 유대 관계에 있다.

아이가 엄마의 보살핌 아래에서 편안한 상태에 있으면 자신의 욕구가 충족되고 있다는 것을 알게 된다. 그리고 이를 통해 동정심이나 양심을 밖으로 드러내는 방법을 배운다. 많은 심리학자들과 사회 평론가들은 아이들이 자라서 겪게 될 슬픔, 우울, 자기 통제력 부족, 심각한 정신적 혼란 같은 문제가 유아기의 환경과 관련이 있다고 본다. 안타깝게도 엄마를 만날 수 없거나 엄마와 오랫동안 떨어져 지낸 아이들일수록 이 현상이 심각하다.

엄마는 아들에게 전부다

아들이 어렸을 때 주의 깊고 민감하게 보살펴주면 아이들은 감정적으로 안정되며 밝고 명랑한 어른으로 자란다. 뿐만 아니라 부모는 아들이 다른 사람을 사랑하고 믿을 줄 아는 어른으로 성장하는 것을 즐겁게 지켜볼 수 있다. 어른이 된 아들은 행복하게 부모로부터 독립하고, 부모가 노년을 편안하게 보낼 수 있도록 도울 것이다. 아들의 혼란스러운 인간관계나 그릇된 결정 때문에 생긴 문제를 다루느라 나이 들어서까지 쩔쩔매지 않아도 된다. 부모가 아들에게 베풀었던 양육과 존경이 손자, 손녀에게 고스란히 전해지는 것을 기쁜 마음으로 보게 되기도 한다. 이 모두가 자녀 양육에 필요한 정신적이고 감정적인 훈련과 신경 회로 발달이 아들의 잠재의식 세계에 자리 잡고 있기에 가능한 일이다.

캐나다의 오타와대학교에서 행해진 기억력 연구에 따르면, 양육자에 대한 안정된 애착 관계는 아이들의 자기 인식 능력이나 사적인 기억에 대해 이야기할 수 있는 능력을 키우는 데에 영향을 준다고 한다.

엄마들도 사람인지라 아이가 늘 사랑스럽지만은 않다. 특히 아이가 특별한 이유도 없이(영아 산통일 경우가 대부분이다) 밤새도록 울거나, 하루 종일 안아달라고 보채면 극도의 자기희생 훈련을 받고 있는 기분이 든다. 이는 충분히 있을 수 있는 일이며, 그러한 기분이 들었다고 해서 좋은 엄마가 아니라거나 엄마의 욕구는 별로 중요하지 않다는 의미는 절대 아니다. 오히려 그 반대다. 엄마의 욕구는 아주 중요하다. 엄마 스스로를 돌보며 필요한 지지와 도움을 구하는 것은 무엇보다 먼저 행해져야 할 일이다. 갓난아기를 키우는 엄마에게는 햇빛을 받으며 운동하고, 영양이 풍부한 좋은 음식을 먹으며, 또래 여성들과 사귀는 시간이 필요하다. 물론 그러한 시간을 미처 누릴 틈도 없이 힘든 양육을 계속해야만 하는 경우도 많다. 하지만 안심하자. 힘든 양육의 시간 뒤에는 반드시 보상이 따르기 때문이다.

　　　엄마들은 양육이 사회를 위하여 더없이 소중하고 가치 있는 일이란 것을 알고 자부심을 가져야 한다. 아이를 돌보느라 며칠 동안 제대로 잠을 못 자 힘들 때는 힘든 시간은 곧 지나가고 예전처럼 잠잘 수 있는 날이 찾아오리라는 사실을 기억하자. 그리고 양육의 길이 이토록 힘들지라도 결국 아기를 깊게 사랑하게 되리라는 사실을 잊지 말자. 갓 태어난 아기를 세상에 둘도 없는 자녀로 사랑하게 되기까지는 보통 6~7개월이 걸린다고 한다. 엄마들은 이 시간을 가리켜 진정한 사랑에 눈뜨는 시간이라고 한다.

　　　아기를 낳고 처음 몇 달간은 정신이 쏙 빠질 정도로 힘들게 지나가기 때문에 사리 분별이 제대로 되지 않을 수 있다. 하지만 이 시기에 이미 엄마는 아들의 인생에서 특별한 자리를 차지하기 위해 터를 닦은 것과 같다. 삶의 초기에 엄마와 맺은 이 유대 관계는 아들을 멋진 미래로 이끄는 원동력이 된다. 아들을 양육하는 초기의 몇 달, 혹은 몇 년을 잘 보내기 위해서 주변에서 가능한 한 어떤 형태의 도움이든 받는 게 좋다. 아이 양육에 있어서 엄마의 정신적인 행복이 무엇보다 중요하다. 이 시기의 엄마는 아들의 전부나 다름없다. 아들은 엄마의 얼굴에 핀 미소를 보며 자신이 사랑받고 있다는 것을 느끼고 자아 존중감을 키우게 된다.

　　　아들과 비슷한 또래를 키우는 다른 엄마들과 우정을 쌓아보자. 이들과 함께할 수 있는 일을 찾아 모임을 만들거나, 이미 만들어진 모임에 참여할 수도 있다. 자신의 엄마나 남편에게 도움을 구해볼 수도 있다. 아이가 잠들면 함께 자고 현관 벨이 울리지 않도록 문에 메모를 붙여놓는다. 홀로 고립되었다는 느낌이 들면 언제든 주위에 도움을 청한다. 엄마는 아들의 인생에서 자신이 얼마나 중요한지를 알아야 한다.

아들 잘 키우는 tip
똑똑한 아들을 만드는 엄마

하버드대학교의 버튼 화이트(Burton White) 박사의 연구 결과에 따르면, 다음과 같은 엄마들이 머리 좋은 아들을 길러낸다.

☆　사랑이 넘치지만 규율을 지키는 데에는 엄격한 엄마
☆　언제나 함께 있어주고, 어떤 질문이든 환영하며, 다양한 정보를 줄 뿐만 아니라 아이가 살아가는 세상에 대해 친절히 설명해주는 엄마

☆ 아들이 집 안 구석구석을 탐험할 수 있도록 허락하는 엄마
(만지고 실험하는 것을 허용하는 엄마)

아들이 필요로 할 때 있어주는 엄마가 되어라

엄마에게서 지혜와 안심을 구하는 것은 아장아장 걷기 시작한 어린아이뿐만이 아니다. 아이가 무난하게 청소년기에 이르렀다면 인생을 살아가고 다른 사람들과 관계 맺는 법에 대해 엄마의 조언을 구하게 될 것이다. 또는, 엄마에게 그 이상의 도움을 기대할 수도 있다.

보통 10대 남자아이들은 2가지 세상에서 산다. 하나는 가족과 함께하는 가정이고, 또 하나는 다른 사람들과 어울려 지내야 하는 외부 세계다. 외부 세계에서 만나는 친구들은 가면을 쓴 경우가 있다. 이에 아이 자신도 본심을 숨기며 조심해야 한다고 느낀다. 그러므로 아들이 집에서만큼은 편하게 지낼 수 있도록 해줘야 한다. 집은 마음의 짐을 내려놓고 편히 쉴 수 있는 곳이어야 한다. 집에서는 자기만의 생각에 빠져 있기도 하고 어려움을 스스럼없이 털어놓을 수 있어야 한다.

어떤 엄마는 가족들이 서로 대화를 원할 때 사용하는 암호가 있다고 한다. 예를 들어, 엄마가 "할 말이 있는 것 같네?" 하고 물으면 아들은 "네. 맞아요. 4번 대화를 원해요."라

고 대답한다. 그럼 엄마는 아들이 어떤 문제를 해결하기 위해 최고 수준의 진지한 대화를 원한다는 사실을 즉각 알아차린다. 아들이 원하는 대화가 1~3번 중 하나면 그다지 심각한 문제가 아니라는 표시다. 이렇게 번호를 매기는 감정 분류법은 아들에게 매우 중요하다. 왜냐하면 스스로의 감정을 분류하다 보면 자신이 얼마나 화가 났는지, 혹은 얼마나 스트레스를 받았는지 가늠할 수 있기 때문이다.

　　이 시대를 살아가는 엄마들에게는 도전거리가 많다. 빡빡한 현대인의 삶 속에서 일과 양육에 치이다 보면 스트레스와 피곤함 때문에 녹초가 된 자신을 발견하곤 한다. 그렇다 하더라도 아이의 방과 후 시간만은 오로지 아이를 위해 우선적으로 비워둘 필요가 있다. 이와 관련해 필 맥그로(Phil McGraw) 박사는 "부모는 아이들에게 집에서 느끼는 만족감이 술, 담배를 통해 느끼는 만족감보다 크다는 사실을 알려줄 수 있는 환경이나 경험을 만들어줘야 한다. 우리가 아이를 밝고 긍정적인 사람으로 키우려면 아이와 시간을 보내며 즐거워하는 모습을 보여줘야 한다."라고 했다.

아들의 올바른 인격을 자랑스러워하라

"한 명의 남자를 가르치면 한 명의 남자를 교육시킨 것이 된다. 한 명의 엄마를 가르치면 한 가족을 교육시킨 것이 된다."

엄마들은 다음 세대의 남자들에게 영향을 끼칠 수 있는 위대한 특권을 가지고 있다. 그만큼 스스로를 존중하고 아들에게 존중을 받으리라 기대해도 좋다. 엄마는 자신의 삶을 통해 아들에게 낙관주의, 신념, 할 수 있다는 정신을 보여줄 수 있다. 그 외에 살아가는 데 필요한 실용적인 기술을 가르쳐줄 수 있고, 아들 내면에 있는 여성성을 일깨워 양성성과 잠재력을 최고로 발휘하도록 도와줄 수 있다.

사교적인 모임이나 행사에 가면 많은 엄마들이 아들에 대해 이야기하는 것을 들을 수 있다. 엄마는 아들이 성취하고 이루어낸 것을 통해 대리 만족을 느끼며 살고 있다는 생각이 든다. 그게 잘못이란 말은 아니다. 엄마라면 당연히 아들이 자랑스러워야 한다. 하지만 엄마가 가장 자랑스러워해야 할 부분은 아들의 부유함이나 업적이 아니라 인격이어야 한다. '자식에게 여행을 시켜라.'라는 말이 있다. 공부를 시켜 유능한 인간을 만들기 전에 현실의 어려움을 배워 인격을 갖춘 사람으로 성장시키라는 의미다. 아들이 자라 어떤 사람이 되는가는 엄마가 무엇을 가장 소중히 여기는지에 달려 있다. 그것은 안락하고 편안한 삶보다는 훌륭한 인격이 되어야 마땅하다. 즉, 아이가 잘못을 저질렀을 때 대충 눈감아주기보다는 힘들더라도 그에 합당한 책임을 지도록 도와주는 부모가 되어야 한다.

아들에게는 엄한 엄마가 득이다

대부분의 엄마들은 본능적으로 아들을 보호하고 편안하게 해주려 한다. 특히 아빠가 없거나 부모가 직접 양육하지 않을 때에는 더더욱 그러하다. 하지만 남자아이들은 스스로 알아서 하도록 편안하게 내버려두기만 해서는 안 된다. 남자아이들은 간단명료하고 직설적인 지시와 함께 경계를 확실히 정해주는 것을 좋아한다. 따라서 아들을 키우는 엄마들은 스스로를 존중하도록 연습하며 아이를 좀 엄하게 다뤄야 할 필요가 있다.

　　　남자아이를 제대로 키우려면 일관성과 끈기가 있어야 한다. 어떤 일이든 대충 얼버무리거나 간청하면 그냥 넘어가주는 일을 허락해서는 안 된다. 그래야만 아들이 엄마는 자신을 이끄는 대장이라는 사실을 깨닫게 될 것이다. 그러나 아들이 어느 정도 자라면 나이에 적절한 주도권을 돌려줘야 한다. 나이가 들수록 아들이 찾아가는 주도권은 점점 더 많아질 것이다. 이 과정에서 아들은 스스로 많은 결정을 내리고 그릇된 선택이 불러오는 나쁜 결과를 체험하면서 생생한 교훈을 얻는다.

아들 훈육은 단순하고 솔직하게 하라

특정 연령대의 남자아이들은 길게 타이르는 것이 효과적이지 않다. 게다가 아이들이 얼마나 엄마를 당황시키고 상처 입혔는지를 일일이 설명하는 노력도 먹히지 않는다. 남자아이를 타이를 때는 감정을 앞세우거나 에둘러 표현하지 말고 사실만을 정확히 집어서 이야기해야 한다. 아이가 잘못을 저지르면 처음에는 경고만 주고 그다음에는 행동에 옮겨 원칙대로 밀고 나가야 한다. 남자아이들에게는 시각적인 교육이 효과적이다. 가족 규칙을 적은 팻말을 세워보자. 아들은 집안에서 어떤 규칙을 지켜야 할지 알게 된다.

유치원에 다니는 아들을 위한 가족 규칙의 예를 소개한다.
○ 우선 아빠와 엄마가 말한 것부터 한다.
○ 모든 사람에게 친절하고 사려 깊게 대한다.
○ 누군가 말을 걸면 눈을 바라보며 이야기하고 미소 짓는 것도 잊지 않는다.

아들 잘 키우는 tip
행동 관찰표 만들기

☆ 남자아이들에게는 행동 관찰표를 만들어주면 좋다. 예를 들어, 목표로 하는 행동을 했을 때마다 커다란 로켓 그림

주변에 별 스티커를 붙인다든가, 풍선을 끌고 날아가는 비행기를 그린 뒤 풍선을 하나씩 색칠해나가는 것도 좋다. 아이가 새로운 행동을 익혀 습관이 될 때까지 일정 기간 동안 이러한 방법은 매우 효과적이다. 물론 말 안 듣고 떼쓰는 아이를 교육시키는 것은 힘든 일이다. 그렇다 하더라도 굽히지 말고 부모가 바라는 긍정적인 행동이 어떤 것인지 아들에게 확실히 알려준다. 아들이 붙인 스티커나 색칠한 풍선이 일정한 개수를 채우면 작은 보상을 해준다.

☆ 행동 관찰표는 하나의 행동에 대해서만 설치한다. 오래전부터 바꾸려 했지만 잘되지 않은 행동을 대상으로 하지 않는다. 무언가 새로운 좋은 습관으로 삼을만한 행동을 목표로 한다. 이 행동을 관찰하여 습관을 삼는 데 열흘이 넘어가지 않도록 한다.

☆ 행동 변화가 쉽게 이루어지게 하려면 확실한 보상을 준다. 보상은 눈앞에 드러나는 분명한 것이어야 한다. 행동 관찰표 위의 선반에 보상으로 줄 작은 장난감을 놓아둔다. 행동 관찰표의 빈 자리가 스티커나 색칠로 다 채워지면 마트에 데려가 일정한 가격 안에서 선물을 사주는 것도 좋은 방법이다.

☆ 아이들에게 목표를 상기시키기 위해 남편과 협력한다. 저녁 식사 후 아이들의 하루 일과에 대해 이야기하고 스티커

를 붙였는지를 확인한다. 부부가 이 일에 함께 관심을 보이며 매일매일 아이를 칭찬한다. 아이들에게는 일주일도 아주 긴 시간이다.

☆ 아이가 하루 동안 제멋대로 행동해서 스티커를 붙이거나 색칠하지 못했다면 내일은 좀 더 나아질 것이라고 격려한다. 아이가 항상 바르게 행동하기는 어렵다. 가끔씩 엇나가는 것도 배움의 한 과정이다.

실천하기
아이의 나쁜 행동을 수정하는 법

☆ 아이를 생각 의자나 생각 계단에 2분 정도 앉아 있게 한다. 단, 생각 의자나 생각 계단은 늘 같은 것을 사용한다.

☆ 아이의 행동을 중지시키고 일정 시간 동안 방에 가 있게 한다. 이때 시간은 타이머를 이용해 정확히 잰다.

헬리콥터 맘은 과연 옳은가?

《사랑과 논리로 양육하기(Parenting with Love and Logic)》의 저자인 포스터 클라인(Foster Cline)과 짐 페이(Jim Fay)는 사회 경제

적으로 취약한 지역의 초등학교에서 일했던 경험에 대해 서술했다. 그 학교의 남학생들은 자신의 일을 계획하고 처리하는 데 능숙했다. 대부분 스스로 등교했고, 용돈 계산도 정확했으며, 점심 도시락도 잘 챙겨왔다. 하지만 부유한 지역의 초등학교 아이들은 정반대였다. 그 아이들은 엄마가 아침에 준비물을 챙겨주지 않거나 학교까지 태워주지 않으면 지각을 했고, 도서관에 반납할 책이나 체육복을 수시로 가져오지 않았다.

클라인과 페이가 내린 결론에 따르면, 학령기의 아이들은 스스로 일상을 조절하고 준비물을 챙기는 등 많은 것을 알아서 할 능력이 있다. 많은 부모들이 아이들이 잘못할까 봐 걱정하며 대신해서 여러 가지 것을 결정해준다. 하지만 이는 오히려 과잉보호가 되어 아이의 능력을 빼앗는 꼴이 되고 만다.

남자아이들이 아직 부모의 보호를 받아야 한다는 것은 명백한 사실이다. 하지만 아이들이 나이를 먹어갈수록 더 많은 책임과 권한을 주며 격려할 필요가 있다. 한 학기에 한 번쯤은 도시락을 가져다주거나 빼먹고 간 준비물을 챙겨줄 수 있다. 하지만 그 후에는 아이가 알아서 실수를 감당하고 처리하도록 내버려둘 필요가 있다. 남자아이들에게 좋은 엄마가 되려면 아이들이 원하는 바를 존중해줘야 한다. 남자아이들은 단순한 규칙, 확실한 체계, 일정 정도의 책임감, 엄마에게 보상받을 수 있는 '거래'를 좋아한다.

아들이 엄마를 괴롭히거나 협박하지 못하게 하라

아들에게 존경받지 못한다면 부모의 사랑은 쓸모없는 것이 되고 만다. 이 사랑은 통제가 따르지 않기 때문에 아들의 인격을 형성하는 데 결코 좋은 영향을 끼칠 수 없다. 아이를 양육할 때 부모의 사랑에 반응하게 하려면 아이가 부모를 존중하는 마음을 갖게 하는 일이 선행되어야 한다. 부모에 대한 존경심이나 존중감이 없으면 아이를 올바르게 키우기 힘들다.

엄마는 쉽게 협박해서는 안 되는 리더다. 어린 아들이 말을 듣지 않고 화를 내며 심지어 "엄마는 뚱땡이야."라며 심한 말을 한 상황을 가정해보자. 이러한 아이의 행동에 엄마는 어떻게 반응해야 할까? 이럴 때는 조용히 자리를 옮긴다. 절대로 큰소리로 야단치지 말고 아이에게 아무것도 해주지 않는다. 그저 잠시 사라진 뒤 기다린다. 몇 시간 정도 흐르면 아이에게 부모가 필요한 순간이 찾아올 것이다.

"엄마, 문구점 가자. 준비물 사야 돼."

드디어 아이의 버릇을 고칠 기회가 찾아왔다. 엄마는 다음과 같이 말해본다.

"미안해. 엄마라면 너와 문구점에 같이 가겠지만 뚱땡이는 문구점에 같이 못 가."

아이는 다시 간청하며 매달리겠지만 어떤 상황에서도

아이의 요구를 들어줘서는 안 된다. 그전에 아이가 저지른 잘못에 대해 충분히 반성하고 어떤 식으로 고쳐나갈 것인지도 확인해야 한다. 그렇지 않으면 아이는 거짓으로 사과하는 법을 배우고, 자신이 저지른 잘못에 대해 후회나 책임감을 느끼지 않는다.

아들 잘 키우는 tip
아들에게 괴롭힘당하는 엄마는 아닌가?

아들은 여러 가지 방법으로 엄마를 괴롭힐 수 있다. 신체적으로 괴롭힐 뿐만 아니라 협박하는 말을 할 수도 있다. 한번은 3살짜리 아이가 자신을 야단친 엄마에게 "난 엄마가 싫어."라고 말하는 것을 들은 적이 있다. 그러자 아이 엄마는 "그래도 난 우리 ○○을 여전히 사랑해. 자, 그럼 잘못을 어떻게 고쳐야 할지 얘기해볼까?"라고 대꾸했다. 얼마나 지혜로운 엄마인가. 이 아이 엄마는 3살 아들의 협박에 말려들어 화내거나 흥분하지 않고 무시했다. 그리고 아들이 해야 할 바른 행동을 포기하지 않고 계속 가르쳤다.

만일 아들이 부모를 괴롭히고 협박하게 내버려두면 다른 사람들에게도 똑같이 행동할 것이다. 어렸을 때부터 다른 사람을 괴롭히거나 협박해서는 안 된다는 것을 가르치자. 그리고 부모로서 자아존중감, 위엄, 자유를 지켜야 한다.

아들이 품위를 유지하게 하라

유머와 자아 존중감을 가진 엄마는 아들이 아이에서 어른으로 성장하는 데 멋진 친구가 될 수 있다. 남자아이들의 문화는 무례하고 잔인한 세계로 빠지기 쉽다. 아들의 농담이 도를 넘어서는 순간이 있는데 아빠들은 이 순간을 잘 잡아내지 못한다. 아들이나 아빠는 그러한 세심한 일에 서툰 남자들이기 때문이다. 하지만 엄마에게는 남자들에게 없는 품위의 안테나가 있다.

아무리 유머 감각이 뛰어난 엄마라 할지라도 아들이 엄마 앞에서 지저분한 농담을 하게 두지는 않아야 한다. 아들의 농담이나 장난이 지나치다 싶으면 "지금 그게 신사의 품위에 어울린다고 생각하니?"라고 물으며 엄마 스스로 품위를 유지하려는 모습을 보여주자. 사실 이러한 질문은 남자들에게 낯설게 들리지만 아들이 말이나 행동을 함에 있어 중요한 기준이 된다. 이것이 습관화되면 아들은 엄마가 정한 경계선을 존중하게 되면서 다른 모든 여성들을 존중하는 마음을 가진다.

엄마는 아들을 놓아줄 줄 알아야 한다

엄마라면 누구나 아들을 위해 비전을 품을 수 있다. 엄마는 아들에게 믿음을 줘야 한다. 그리고 항상 아들을 물심양면으로 도와주면서 아이가 이룰 수 있는 최고를 기대한다. 엄마는 아들이 어른이 되도록 준비시켜야 한다. 엄마가 아들의 머릿속에 심어준 기초적인 사고방식, 가치, 말은 아이가 결단력을 갖추는 데 좋은 도구가 된다. 또한, 이를 통해 내적인 회복력을 갖추는 데에도 많은 도움을 줄 수 있다.

엄마가 아들을 키우다 보면 정말 힘이 드는 특정 시기가 찾아온다. 보통은 아들이 사춘기에 접어든 이후다. 이 시기의 아들은 자신만의 정체성을 확립하며 엄마를 조용히 밀어낸다. 엄마와 아들 사이에 필요한 것은 일정한 거리다. 아들은 가족이 소중히 여기는 가치를 받아들여야 할지를 결정해야 하고, 다른 여자들과 관계를 맺기 위한 공간이 필요하다. 무엇이든 조금이라도 더 혼자 알아서 하려는 것은 사춘기 남자아이들의 특징이다. 이 특성과 맞서 싸우려 하지 말고 그 과정을 도와주며 동참하는 방법을 찾아야 한다. 예를 들어, 아들이 더 많은 책임감을 발휘할 때마다 엄마로서 자랑스러워한다는 것을 보여준다. 아들을 믿어주고, 아들이 믿을만한 행동을 보여줄수록 더 많은 자유를 허락할 것이라는 사실을 알게 한다.

아들과 각별히 친밀하게 지내온 엄마는 아이가 엄마 품을 벗어나는 과정이 매우 고통스러울 것이다. 한 전문가는 이런 현상을 가리켜 '버림받은 애인 증후군'과 비슷하다고 했다. 그렇다고 해서 독립하려는 아들의 움직임에 협력하지 않으면 아이들은 일부러 부정적인 방법을 써서라도 떨어져나가려 한다. 극도로 반항적이고 분노에 젖은 불쾌한 모습을 보여줄 수도 있다.

아들이 남자가 되는 건강한 여정에 대해 엄마들이 꼭 알아둬야 할 중요한 사실이 있다. 아들이 예전처럼 모든 것을 엄마에게 털어놓지 않게 되는 순간이 찾아온다는 것이다. 사춘기 남자아이에게는 남자로서 좋은 본보기가 되는 어른 곁에 있으려는 욕구가 있기 때문이다. 셀리아 라슐리(Celia Lashlie)는 《괜찮아, 아들(He'll Be OK)》에서 이에 대해 잘 설명하고 있다. 라슐리는 아들이 사춘기가 되면 엄마는 잠시 물러나고 아빠나 다른 롤모델이 될만한 남성이 아이를 끌고 남자의 길로 가는 다리를 건너야 한다고 주장한다.

주변의 도움을 받으면 엄마 자신도 삶을 좀 더 즐기면서 살 수 있게 된다. 가장 반항적인 시기가 지나면 엄마는 아들과 다시 친밀한 관계를 이어갈 수 있다. 그리고 어느새 멋진 남자가 된 아들을 양육할 특권을 누릴 수 있었다는 사실에 감사하게 될 것이다.

실천하기
아들 잘 키워낸 엄마들의 비법

☆ 아들이 가장 좋아하는 것과 관련된 책을 만들어보자. 누구나 쉽게 읽을 수 있는 재미있는 책이 될 것이다. 노트에 사진을 붙이고 간단한 설명을 쓴 다음 책 제목을 붙인다.

☆ 엄마는 문제가 생기면 이를 조율하고 해결하기 위한 가족회의를 열 필요가 있다. 가족들은 문제가 어떤 종류에 속하는지 분류하고 해결책을 함께 의논한다. 가능하면 모든 가족이 의견을 제시하고 구체적으로 어떤 행동을 취해야 할지를 결정한다. 엄마는 이때의 결정 사항을 회의록에 기록한다. 남자아이들은 이러한 방식의 문제 해결을 좋아한다.

☆ 아이들의 이야기를 잘 들어주는 엄마가 된다. 하루 동안 아들이 엄마에게 의존하지 않고 문제를 해결하도록 지켜본 다음 아이의 이야기를 들어주고 지혜롭게 조언한다. 아들이 학교에서 돌아오면 아들 곁에서 관심을 가지고 지켜보는 시간을 가진다.

아들이 원하는 엄마는…

- 언제든 대화해주고 놀아주는 엄마
- 스스로를 존중할 줄 아는 엄마
- 아들에게 최악이 아닌 최선을 기대하는 엄마
- 아들의 모험심과 유머 감각을 키워주는 엄마
- 아들의 위대한 미래를 그릴 줄 아는 엄마
- 일관되고 끈기 있는 훈련을 시킬 줄 아는 엄마
- 아들의 말과 행동에서 최소한의 품위를 지키도록 감시하고 여자를 존중하도록 가르치는 엄마
- 아들의 이야기에 귀 기울여 들어주는 엄마
- 아들이 맡은 일을 알아서 하고 책임지도록 허용하는 엄마
- 아들이 무언가를 배우고 창의성을 키우는 데 그 지평을 넓혀주는 엄마
- 아들이 믿을만하다는 것을 보여주면 더 많은 자유를 허락할 줄 아는 엄마
- 아들이 적절하게 독립할 수 있도록 응원해주는 엄마

상처받지 않고 행복하게 살아가는 여자는 온유하면서도 강인하다.
마야 안젤루

CHAPTER 05

엄마나 아빠 없이도 아들은 행복할 수 있다

　남편이나 부인 없이 홀로 자녀를 키우는 사람도 많다. 이 세상에는 한부모 가정에 대한 많은 편견이 있지만 한부모도 얼마든지 자녀를 훌륭히 키워낼 수 있다. 한부모는 두 사람 몫을 홀로 감당하고 있기 때문에 지치고 힘든 것이 당연하다. 이러한 어려움을 이겨내고 양육에 대한 책임감과 짐을 혼자서 2배로 감당하려면 지혜로운 사람이 되어야 한다.

　마이클 존스(Michael Jones)는 뉴질랜드의 럭비 선수다. 그는 많은 사람들에게 존경받고 있는데, 그것은 그가 뛰어난 럭비 실력과 도덕적이고 동정심을 갖춘 리더이기 때문이다. 존스는 홀어머니 밑에서 자랐다. 존스의 어머니가 아들을 양육하면서 무엇보다 중요하게 생각한 것은 남성으로서 롤모델이 될만한 남성이나 공동체와 강한 유대 관계를 맺어주는 일이었다.

　한부모 양육이라는 주제 하나만으로도 한 권의 책이 되지만 여기서는 중요한 핵심 사항만 짚어보고자 한다. 남편이나 부인 없이 혼자서 양육하는 사람들에게 무엇보다 가장 중요한 것은 배우자가 아이들에게 보여줘야 할 행동까지 스스로 도맡아야 한다는 것이다. 싱글 대디는 남자라는 본성을 넘어 아이들을 세심하게 보살피려고 노력할 필요가 있다. 반대로 싱글 맘은 좀 더 엄격하고 단순하고 직설적으로 아이를 다룰 필요가 있다.

아들이 스스로를 희생자로 여기지 않게 해야 한다. 세상에는 한부모 가정에서 자란 많은 위인들이 있다. 같은 환경에서도 자신의 형편을 비관만 하며 어른이 되는 사람이 있는가 하면, 지혜로운 선택을 통해 어린 시절의 결핍을 보상받을만한 삶을 개척하는 사람도 있다. 부모로서 아들에 대한 꿈을 키우고 아들 또한 스스로에 대한 꿈을 키우도록 격려하자.

아들에게 지나치게 기대지 마라

아들이 남편의 빈자리를 채우게 만들지 않도록 조심한다. 아들에게 감정적으로 기대는 엄마는 건강한 모자 관계를 해칠 수 있다. 아들은 성장하면서 자연스럽게 가정을 벗어나 우정이나 낭만적인 사랑의 대상을 찾는다. 이때 엄마는 소중한 동지나 코치가 아닌 버림받은 애인이 되기 쉽다. 따라서 평소 엄마로서 역할에 대한 경계를 정해둘 필요가 있다. 어른인 엄마가 겪는 근심거리(재정 문제나 외로움 같은 감정적인 문제)를 아들에게 짐 지우지 않아야 한다. 이러한 것은 엄마가 알아서 책임져야 할 부분이다. 정신 건강을 위해서 엄마는 주변의 친구나 가족들과 서로 의지할 수 있는 친밀한 관계를 유지하는 게 좋다.

심리적으로 아빠와 친밀한 남자아이들은 다른 많은 남자들과 친밀한 관계를 유지하는 일이 쉽다. 아들은 머릿속에 아빠에 대한 확실한 이미지를 그릴 수 있어야 한다. 이 이미지를 통해 세상 모든 남자와 스스로에 대한 인상을 만들어가기 때문이다. 아빠에 대한 이미지가 사실적이고 긍정적이며 다양할수록 자기 자신에 대해 올바르게 인식할 수 있다. 아빠에 대한 정보를 제공할 수 있는 사람은 엄마다. 사진이나 다른 사람이 들려주는 이야기, 혹은 특정 물건을 이용해 아빠에 대한 정보를 되도록이면 많이 주려고 노력하자. 물론 이 정보는 가능한 한 확실하고 긍정적이어야 한다. 아빠에 대한 실망이나 씁쓸한 기억은 되살리지 않도록 한다.

부모만의 시간을 가져라

한부모 양육에서 가장 어려운 부분은 부모가 스스로를 돌볼 시간을 내기가 힘들다는 것이다. 부모 자신만을 위한 시간을 가지는 것은 매우 중요하다. 부모가 지쳐서 나가떨어지는 것보다는 자기만의 시간을 가지며 잠시 쉬는 게 아이에게도 훨씬 덜 고통스럽다. 이러한 시간을 마련하기 위해 가능한 한 모든 도움을 받도록 한다.

실천하기

아들을 둔 한부모 가정을 위한 비법

☆ 다른 사람과 협동한다. 가족 구성원들에게 각자 해야 할 일과 권한을 주고 서로 최대한 즐겁게 협동할 수 있는 분위기를 만든다. 해야 할 일의 목록을 만들고 아들에게 선택하게 한다. 한 주 동안 가장 잘한 사람에게는 가족들이 함께 볼 영화나 식사의 메뉴를 선택할 권한을 준다.

☆ 부모 자신을 위한 휴식 시간을 가진다. 공동체 안에서 양육에 도움이 될만한 자원이 무엇인지 알아본다. 부모 주변에 아이를 돌봐줄 친척이나 이웃이 있으면 그 사람에게 일정 시간 동안 아이를 봐줄 것을 요청하고 정기적으로 휴식 시간을 가진다. 일주일에 단 1시간이라도 확보한다. 일주일에 하루는 방과 후에 아이를 도서관에 데리고 가는 것도 좋은 방법이다. 아이가 좋아하는 책을 읽는 동안 부모 자신을 위해 조용히 쉬는 시간을 가질 수 있을 것이다.

☆ 남자아이들은 학교에서 한 번쯤은 문제를 일으킨다. 설령 그러한 일이 생긴다 해도 너무 심각하게 받아들이며 기분 나빠 하지 않는다. 문제를 일으키지 않는 다른 형제와 비교해 말썽꾸러기나 버릇없는 아이 취급을 해서는 안 된다. 아이가 더 이상 문제를 일으키지 않고 평온한 일상을 되찾을 수 있게 학교와 협력한다.

☆ 아들에게 조용히 머물 공간을 준다. 엄마는 누구보다 아들에 대해 잘 알고 있다고 자부할 것이다. 그래서 아들이 모든 문제에 대해 털어놓기를 원하고, 엄마가 직접 문제를 해결해주기 위해 힘쓸 것이다. 하지만 아들이 사춘기에 접어들면 이 생각을 버리고 아들만의 공간을 허락해야 한다. 궁금한 게 있으면 "○○에 대해 얘기하고 싶어?"라고 아들에게 미리 물어보는 게 좋다. 아들이 싫다고 대답하더라도 의견을 존중해줘야 한다. 남자들은 스스로 문제를 해결하려는 경향이 있어 해결책을 마련할 때까지는 문제에 대해 언급하는 것을 꺼리기도 한다.

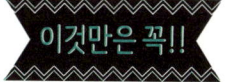

한부모 가정의 부모가 지녀야 할 마음가짐은…

한부모 가정의 엄마나 아빠는 아들이 어떤 부모를 원하는지 깊이 생각해봐야 한다. 싱글 맘이나 싱글 대디는 없는 배우자의 몫까지 채우려 노력하는 동시에 부모인 자기 자신을 돌보는 일도 잊지 않아야 한다. 친구든, 가족이든, 이웃이든 가능한 모든 사람에게 도움을 청하면 양육의 짐을 덜어낼 수 있다.

누군가 내게 보여주지 않는다면 행동하는 법을 어떻게 알겠는가? 아무도 나를 참여시키고 함께하지 않는다면 일하는 법을 어떻게 알겠는가?

리처드 윗필드

나는 유치원 아이들을 정말 좋아한다. … 그들의 천진한 생각과 삶을 바라보는 신선한 시각이 좋다. 하지만 아장아장 걷기 시작할 무렵 아이들이 정말 마음에 들지 않을 때가 많다. 무엇이든 흘리고 부수고 쏟는다. 먹어서는 안 될 것을 그냥 삼켜 버린다.

제임스 돕슨

06
CHAPTER

유아기부터 아들의 미래가 결정된다

2살 때 엄마가 차려준 생일상이나 3살 때 아빠가 태워준 목말의 기억이 떠오르지 않듯이, 아무리 기쁘고 즐거웠던 추억일지라도 시간이 지나면 자세히 생각나지 않는다. 하지만 그때의 경험이 준 인상은 마음 깊이 새겨진다. 유치원 이전의 기억은 대부분 잊혀진다. 그런데 사람들은 이 시기에 걷기나 말하기처럼 생존에 중요한 기능을 습득한다. 또, 무엇보다 신뢰를 배움으로써 이 세상이 두려운 곳은 아닌지, 어른들을 신뢰해도 되는지, 어른들을 과연 자신의 욕구를 해결해주고 통제할 수 없는 것으로부터 스스로를 보호해줄 사람들로 여겨도 되는지를 결정한다. 연령에 맞는 수준에서 외부 세계를 경험하고 앞으로 맺게 될 모든 인간관계의 기초가 되는 인성을 만들어가는 법도 터득한다.

유아기 경험이 아들 인생 전체를 좌우한다

유치원 이전의 몇 년이 그 후의 발달 과정에서 얼마나 중요한지를 보여주는 연구는 많다. 이 시기에 부모는 아이에게 우주나 마찬가지다. 하지만 부모는 아이를 위해 하는 일련의 노력이 아이에게 영향을 끼치는지 의심한다. 이러한 부모들에게 지금 당장은 양육의 효과가 나타나지 않을지 몰라도, 충분히 가치 있는 일을 하고 있음을 깨우쳐주고 싶다. 나중에 아들이 자라서 이 시절을 기억하지 못할지라도 아이는 남은 생애 전체를 통해 부모의 양육과 보살핌의 혜택을 두고두고 누릴 수 있기 때문이다.

아동 전문가들은 아들을 자신감 있고 다정하며 행복한 남자로 기르려면, 부모와 아이의 초기 애착 관계가 적절하게 형성되어야 한다고 의견을 모은다. 다시 말해, 부모가 아들과 맺는 관계가 아이의 남은 인생이 어디로 향할지를 결정하는 문을 열어주는 셈이다. 아이들은 무의식적으로 '이 세상은 나를 반겨주는가? 내가 상처 입지 않고 거절당하지 않도록 나를 둘러싸고 보호해줄 존재가 있는가?'와 같은 질문을 던진다. 아이들의 유아기 경험은 인생 전체를 흐름을 만드는 데 중요한 역할을 한다. 태어나서 몇 달 동안 안정되고 따뜻한 사랑을 받을 수 있는 환경에서 자란 아이는 학습과 정서적 기억이 고르게 발달할 수 있는 기반을 제공받는다.

> 마음껏 놀지 못하거나 다른 사람과 충분한 접촉을 하지 않은 아이들은 같은 연령의 다른 아이들보다 20~30% 정도 두뇌 발달이 느리다.
> – 〈타임〉지에 실린 베일러의과대학의 발표문

아들의 뇌는 유아기에 폭발적인 성장을 한다. 이 중요한 시기에 적절한 자극과 양육을 받지 못한 아이는 미래도 어둡다. 이 시기에 아이가 지적, 감정적 결핍을 경험하면 나중에 보상받거나 스스로 보충하기 힘들다. 갓난아기나 아장아장 걷는 유아에게 말을 걸거나, 노래를 불러주고, 껴안아주고, 눈을 맞춰주는 것은 일생 동안 작동할 신경 회로를 만드는 데 매우 중요하다. 제대로 양육되거나 자극받지 못한 아이들은 두뇌의 시냅스 연결(신경 세포의 신경 돌기 말단이 다른 신경 세포와 접합하는 것)이 원활하지 않아 지능이나 감정적인 면이 제대로 발달하지 못한다. 이들은 감정적으로 공허하고 무신경한 어른이 된다. 또, 주변 사람들에 대한 동정심이 부족하고 지능도 나쁘다. 이 중요한 시기에 두뇌를 만들어가는 역할은 양육자의 몫이다. 이 역할을 다른 누군가와 나누어 가질 수는 있지만 온전히 위임할 수는 없다.

브루스 페리(Bruce Perry) 박사는 뇌 과학 전문가로서 유아기 아동의 두뇌 발달에 관심이 많다. 페리 박사는 유아기 두뇌 발달의 중요성을 인식하지 않으면 앞으로 한 세대 안에 이 사회의 문화적 DNA를 잃어버릴 수 있다고 주장했다. 아기에게는 모든 새로운 경험이 일종의 위협이다. 그리고 유아기 두뇌 발달을 마무리하는 것은 부모가 아이를 어루만지고 쓰다듬고 노래하며 사랑해주는 자극이다. 이 자극은 아이에게 안전감을 느끼게 하고 후에 아이가 어른이 된 뒤 자신의 아이에게도 똑같은 감정을 전달할 수 있게 한다. 부모가 이 시기에 신체적, 정신적으로 아이 옆에 머물며 보살피지 않으면 아이의 미래에 나쁜 영향을 준다.

가족 심리 치료사들은 유아기에 뿌리를 두고 있는 비이성적인 공포, 좌절, 무력감을 다루는 경우가 많다고 한다. 오늘날의 미디어는 청소년의 분노, 성 관련 문제, 폭력 등을 선정적으로 다루고 있다. 부모를 포함한 사회 전체가 이처럼 통제하기 어려운 청소년들의 행동에 골머리를 앓고 있다. 이와 같은 문제를 제대로 다루려면 어린아이들을 어떻게 양육하고 있는지를 돌아봐야 한다. 부모는 양육의 책임을 다해야 하며, 방치당하거나 보살핌을 받지 못함으로써 발생하는 스트레스로 아이들의 신경계에 문제가 생기지 않게 해야 한다. 아이를 돌보지 않는다는 것은 신체적인 문제만을 의미하지 않는다. 아이와 눈을 마주치거나 사랑으로 교감하는 일 없이 아이를 텔레비전 앞에만 두는 것도 심각한 방치다. 뿐만 아니라 아기를 홀로 두어 겁에 질리게 하거나, 어른에 대해 무서운 이미지를 심어주는 것도 정신적 방치에 해당한다.

유아기 아들을 둔 부모는 울고 싶다

뇌 구조상 유아기 남자아이들은 여자아이보다 훨씬 더 부모를 힘들게 한다. 이 시기의 여자아이들은 남자아이들보다 한 가지 활동에 더 오래 머물 줄 알고 집중해서 책을 읽는 시간도 길다. 반면에 남자아이들은 모험을 즐기는 성향 때문에 여자아이들보다 자주 다친다. 게다가 충동적이고, 위험을 별로 두려워하지 않으며, 새로운 경험을 좋아한다. 대부분의 남자아이들은 여자아이들보다 힘이 세고 에너지가 넘친다. 그래서 더욱 시끄럽고 주변을 난장판으로 만드는 데에 선수다.

남자 아기들은 정적인 얼굴보다는 기계적으로 움직이는 것에 더 많은 관심을 보인다. 옹알이 소리도 어떤 단어라기보다는 기계 소리에 더 가깝다. 과학적인 관찰 결과에 따르면, 여자 아기들의 옹알이 소리는 거의 대화에 가깝지만 남자 아기들은 그중 40%만 말에 가깝다고 한다.

아들 둔 부모가 기억할 것 |
늘 재미있게, 늘 침착하게, 늘 통찰력 있게

아들과 딸의 뇌는 다르다

많은 책과 연구 논문은 테스토스테론의 중요성을 지적한다. 테스토스테론은 자궁 속에서부터 남자아이의 뇌에 영향을 끼쳐 특정 성향을 만들어낸다. 임신 6~7주가 지나면 양수 속의 화학 물질이 태아의 남성적인 특질을 생산하기 시작한다. 작은 태아의 뇌에서 좌반구와 우반구를 연결해줄 신경 섬유 다발인 뇌량에도 변화를 일으킨다.

유아기 남자아이들의 뇌에서는 좌반구와 우반구를 이어주는 전기 신호의 흐름이 활발하게 이루어지지 않는다. 그 결과 여자아이들에 비해 좌뇌와 우뇌가 확실히 분리되어 발달하는 경향이 강하고, 대신 양 반구를 이어주는 뇌량은 덜 발달하게 된다. 결국 남자아이들은 뇌와 관련된 일부 기능은 더 뛰어나지만, 감정을 느끼고 표현하는 내면적인 능력은 떨어지게 된다. 이 특성은 일생 동안 지속된다. 여자들은 아이든 어른이든 자신의 감정을 즉시 파악하고 표현할 수 있다. 하지만 남자들은 자신이 어떤 감정을, 왜 느끼는지 아는 일이 쉽지 않다.

태아기에 테스토스테론이 작용하면서 일어나는 또 다른 효과는 뇌에서 언어 기능을 담당하는 부위가 달라진다는 점이다. 오른손잡이인 남자들은 테스토스테론의 영향을 받아 좌반구만이 언어 기능을 담당한다. 하지만 테스토스테론의 영향을 훨씬 적게 받는 여자들은 양 반구 모두를 언어 기능에 사용한다.

남자아이는 여자아이보다 더 공격적이다. 테스토스테론이 더 많이 분비되고, 세로토닌(마음을 차분하게 가라앉히는 화학 물질)은 더 적게 분비되기 때문이다. 또, 남자아이는 우뇌를 더 많이 사용하기 때문에 공간 기능이 발달했다. 놀이를 할 때 더 많은 공간을 차지하는 것도 이러한 이유에서다. 뿐만 아니라 남자아이는 여자아이에 비해 훨씬 산만하고 말도 잘 안 듣는다.

극단적으로 테스토스테론이 높은 경우가 아니더라도 아들이 남자 특유의 기질과 성향을 가지고 있다는 것을 쉽게 알 수 있다. 부모들은 일부러라도 아들을 집 밖으로 데리고 나가 에너지를 발산할 수 있게 해야 한다. 공원이든 놀이터든 아들을 넓은 곳에서 뛰어놀게 한다. 집안일로 바쁘더라도 하던 일을 잠시 내려놓고 5분짜리 숨바꼭질이라도 해보자.

필 다 실바(Phill Da Silva)가 20여 년에 걸쳐 진행했던 연구에 따르면, 인생을 잘 사는 데 중요한 3가지 요소가 있다고 한다. 첫 번째는 유아기 때 충분한 사랑을 받아야 한다는 것이고, 두 번째는 일관되고 예측 가능한 보살핌을 받아야 한다는 것이다. 마지막 세 번째는 다양한 경험을 해야 한다는 것이다.

조부모는 그 누구보다도 뛰어난 통찰력으로 손자 교육에 기여할 수 있는 사람들이다. 할아버지, 할머니는 3살 손자가 자주 거짓말을 하는 것을 봐도 부모처럼 전전긍긍하지 않으며 커가는 과정의 일부로 이해한다. 또, 2살 아이가 반항적인 행동을 하면 으레 있는 일로 받아들인다. 이 시기의 아이들은 부모에게 책임감을 느끼게 한다. 하면 안 되는 일의 기준을 가르쳐야겠다는 생각이 들게 만들 때가 많기 때문이다. 부모가 볼 때 아이들은 매번 새로운 사고를 치지만, 조부모가 볼 때는 예전에 자주 있던 일일 뿐이다. 조부모는 아이들이 일정 연령이 되면 특정한 행동을 하기 마련이라는 사실을 잘 알고 있다.

유아기 아들을 양육할 때 기억해야 할 3가지

버튼 박사는 하버드대학교에서 10년 동안 어린이와 청소년의 내면에 좋은 정신을 심어주는 방법을 연구했다. 버튼 박사는 이 연구를 통해 가장 좋은 부모가 수행해야 하는 기능이 무엇인지 결론 내릴 수 있었다. 버튼 박사에 따르면, 좋은 부모에게는 다음과 같은 3가지 기능이 필수적이다.

- 아이를 위한 환경을 계획하고 준비하는 데 뛰어나다.
- 아이를 위로하고 편안하게 해주면서 아이의 질문에 답하고 정보를 줄 수 있도록 짧지만 집중적인 간섭을 한다.
- 따뜻한 사랑을 주면서 동시에 엄격하게 훈육한다.

아들 잘 키우는 tip
엄마와 아빠의 일관된 양육

부모는 아이 양육에서 물리적으로나 정신적으로 서로의 곁에서 지지자가 되어야 한다. 아이는 부모가 서로 다른 입장을 취하면 금세 알아차린다. 서로 다른 기준은 아이에게 불안을 느끼게 하고, 다른 사람의 눈치를 보고 정직하지 못한 행동을 하게 만든다. 부모가 서로를 지지하고 칭찬하며 양육에 대한 상대편 의견을 존중하면 아이들은 "우린 너를 사랑한단다."와 같은 안전한 메시지를 얻는다.

유아기 아들의 탐험 욕구를 이해하라

어린아이를 다룰 때에는 이론보다는 직접 해봐야 알 수 있는 게 많다. 걷기를 시작한 남자아이들은 자기 자신을 통제할 능력이 거의 없다. 오로지 충동에 따라 행동할 뿐이다. 아들이 최근에 기어오르는 것을 새롭게 익혔다면 가능한 모든 것에 기어오르려 할 것이다. 이 시기 남자아이들의 탐험 욕구는 끝이 없고, 온 집 안을 돌아다니며 손에 닿는 모든 것을 만지고 끌고 쏟아버린다. 덕분에 집 안은 매일 난장판이 된다. 남자아이들의 무한한 행동 에너지를 없애기는 어려우므로 주변에서 안전한 통로를 찾아내 분출시킬 수 있도록 하자.

2살 무렵의 남자아이들은 탐험과 실험을 통해 배운다. 그러면서 호기심을 충족하고 계획을 세우는 능력, 창조성, 자율성을 키워간다. 따라서 다양하게 맛보고 듣고 만지는 경험을 하는 일이 매우 중요하다. 단, 아들에게 탐험하고 실험할 자유를 주되 방치하지 말자. 필요할 때는 어른으로서 부드럽지만 큰 가르침을 주어 잘못을 수정하게 한다. 아이가 부모가 정한 경계를 벗어나 일을 저지르면 바로 제지해야 한다. 아직 말을 못하는 아기더라도 하면 안 되는 일을 정확히 설명해준다.

실천하기

유아기 아들을 양육하는 부모를 위한 비법

☆ 아들이 예측 가능한 일상을 보내게 한다.
☆ '엄마와 아빠가 시키는 것은 꼭 해야 한다, 다른 사람에게 상냥하게 말한다, 다른 사람을 차거나 물거나 밀거나 상처 주지 않아야 한다.'와 같은 가족만의 규칙과 금지 조항을 정한다.

규칙을 지키되 사소한 것에 집착하지 마라

만지고 느끼고 찾아다니는 과정은 유아기 발달에 꼭 필요하다. 2살짜리가 끊임없는 호기심 때문에 저지르는 일을 너무 나무라거나 엄격하게 다루지 말고, 부모가 감당할 수 있는 한도 안에서 자유롭게 허용해준다.

부모의 양육 목표는 아이가 점차적으로 성숙해가는 것이다. 아이는 처음에는 느낀 대로 바로 행동하지만, 차츰 행동하기 전에 느끼는 시간이 더 길어지고, 마침내 느낀 뒤 생각하고 나서 행동하는 단계에 이른다. 하지만 2살 무렵에는 부모가 아이의 사고 과정을 보살펴야 한다. 구체적으로 이 시기가 언제인지를 알려면 아이가 "싫어!"라는 말을 자주 하기 시작했는지 관찰해보자. 이는 부모로부터 떨어져나와 자율성을 가지기 시작했다는 표시다.

2살짜리 아이가 짜증 내고 물고 때리기 시작하면 정지 시간을 갖는다. 이 시간 동안에는 아이와 눈을 마주치지 않고 말도 하지 않는다. 아무런 감정을 드러내지 않고 단호하게 한 마디 한다.

"안 돼. 짜증 내는 거 아니야."

아이를 1분 정도 혼자 둔 뒤 다시 방에 들어가 "우리 착한 ○○이 이제 짜증 안 내는구나. 나와서 엄마랑(아빠랑) 놀자." 하고 달래준다.

바른 행동 과정 | 느낀다 → 생각한다 → 행동한다
바르지 못한 행동 과정 | 느낀다 → 행동한다

아들 잘 키우는 tip
아들과 놀이하기

아이 뒤를 쫓아서 뛰어다니는 것과 아이와 함께 뛰어다니는 것은 분명히 다르다. 아이와 멋진 놀이 시간을 가져보자. 아이는 이러한 놀이 시간을 다른 어떤 일보다 더 좋은 추억으로 간직한다. 아이와 바닥에서 뒹굴고, 담요로 텐트를 쳐보고, 욕조에서 물싸움을 해보자. 저녁 식사 후 함께할 수 있는 보드게임을 준비하는 것도 좋다.

실천하기
아들만의 물건

☆ 아이 전용 부엌 서랍 | 아이가 열고 닫기 편한 곳에 아이 전용 서랍을 마련해둔다. 이 서랍에는 아이가 가지고 놀아도 되

는 것을 넣는다.

☆ 비 오는 날 전용 놀이 상자 | 비가 심하게 오거나 날씨가 추워 집 안에만 있어야 할 때를 대비해 놀이 상자를 마련한다. 그 안에는 카드, 구슬, 주사위와 같은 작은 장난감과 게임 도구를 넣어둔다.

☆ 책 바구니 | 며칠 동안 읽을 책을 넣어둔다. 가장 좋아하는 책이나 새롭게 읽을 책을 정기적으로 바꾸어서 넣어준다.

의무적으로 아들과 함께하라

집안일을 할 때 아이를 옆에 있게 하고 작은 임무를 준다. 아이는 종종 이러한 임무를 놀이보다 더 즐거워한다. 정원 가꾸기나 가벼운 목공일도 아이와 함께할 수 있다. 옆에 아이 전용 의자를 두고 그곳에 앉아 돕게 한다. 아들을 데리고 나가는 일을 계획해보는 것도 좋다. 기차 여행, 수영 강습, 동물원 체험 등 많은 기회가 있다. 정신없이 놀고 집으로 돌아오는 자체가 멋진 이벤트가 될 것이다. 오후 4시가 되면 하루를 마무리하는 일상을 시작한다. 아이가 가장 좋아하는 노래를 부르면서 그 노래가 끝날 때까지 정리를 마치는 시합을 한다. 정리를 마치면 아이를 목욕시킨 다음 긴장을 풀고 쉬게 한다.

아들 잘 키우는 tip
사랑은 곧 시간이다

하루에 최소한 10분은 아이와 함께 보낸다. 아이가 무엇을 하는지 지켜보면서 같이 있는 것 자체를 즐기는 시간이다. 이것을 부모만의 특별한 놀이 시간이라 불러도 좋다. 아이가 하는 것을 집중해서 지켜본 다음 소리 내어 그대로 따라 한다. 유아기 아이들은 부모가 자신에게 집중하고 있다는 것을 느끼면 좋아한다. 중요한 존재로 인정받으며 사랑받고 싶은 내면의 깊은 욕구를 건드리기 때문이다. 아이와 함께하는 시간이 많아질수록 나쁜 행동을 바로잡는 데 드는 시간은 줄어든다.

아들의 기질을 파악하라

많은 부모들은 남자아이들이 두 부류 중 하나에 속한다는 것을 알게 된다. 하나는 밖에 나가는 것을 좋아하는 부류다. 이러한 아이들은 몸을 움직이는 것을 좋아하고 모험가 내지는 탐험가 기질을 가지고 있으며 모든 일에 두려움 없이 달려든다. 또 다른 하나는 조심성이 많아 밖에 잘 나가지 않고 안심과 허락을 요구하며 부모 곁에 머물기 좋아하는 부류다. 만일

첫째 아이는 유순한데 둘째나 셋째가 에너지가 넘치고 집 밖에 있기를 즐기면 부모는 당황스러워한다. 연구 결과에 따르면, 아이들 40%는 순종적이고 10%는 매우 다루기 어려우며 나머지 50%는 중간적 성격을 띤다고 한다. 그리고 여자아이보다는 남자아이에게서 발달상의 문제를 더 발견할 수 있다고 한다.

아동 기질 전문가에 따르면, 환경에 대한 민감성과 기질은 어느 정도는 타고나는 것이라고 한다. 어떤 아이들은 열정적이고 환경에 대해 지나치게 예민하게 반응한다. 이러한 아이들은 주변의 소리, 맛, 촉감, 냄새에 예민하고 심지어 특정한 옷에 대한 느낌에도 반응한다. 한편, 어떤 아이들은 쾌활하고 유머러스한 본성을 타고난 꼬마 예능인이다. 또, 어떤 아이들은 질서를 좋아하고, 어떤 아이들은 통제하고 책임지는 것을 좋아한다. 물론 내면적인 기질이 전부는 아니다. 부모가 양육하는 방식에 따라 어느 정도 교정이 가능하기 때문이다.

아들 잘 키우는 tip

아이가 하는 모든 말과 행동을 부모 탓으로 돌리지 말자. 중요한 것은 아이가 무엇을 하는지가 아니라 부모가 상황을 어떻게 다루는가에 달렸다. 꾸준하고 계획적이며 일관된 패턴을 유지하는 방식으로 대응한다면 아들에게 긍정적인 변화가 일어날 것이다. 아들의 장점을 칭찬하고 자랑스럽게 여기자.

아들이 산만하다 해서 ADHD라 속단하지 마라

몇몇 부모들은 아들의 행동을 보고 절망한 나머지 아이에게 문제가 있거나 ADD나 ADHD가 아닐까 의심한다. 하지만 이러한 증상에 대해 진단할 때는 조심해야 한다. 2~3살 무렵에 행동이 지나치게 산만했던 아이들도 나중에 유치원에 들어가면 달라질 수 있다. 넘쳐나는 에너지를 적절하게 쏟아낼 통로를 찾았기 때문이다. 산만하고 통제하기 어려운 아이들은 실제로 ADHD일 수 있지만 의외로 과잉 진단인 경우도 많다.

마이클 거리언 박사는 ADHD로 의심되는 남자아이 대부분이 어린 허클베리 핀일 뿐이라고 주장했다. 자극을 줄이고 외부 활동을 늘리면서 좀 더 차분하고 규칙적인 일상을 가지도록 환경을 바꾸어주면, 산만한 남자아이의 상태가 좋아지는 경우가 많다고 한다. 물론 그중 몇몇 아이들은 음식에 들어 있는 특정 화학 물질(자연적으로 생겨난 것도 있다)에 예민하게 반응하면서 극단적인 행동을 하는 경우도 있다. ADHD와 관련된 걱정을 하는 부모라면 이에 대해 더 알아보도록 한다.

고집 센 아이와는 협상하라

가족들 위에 폭군처럼 군림하려는 남자아이는 심리적으로 불안정한 상태다. 아이는 '내가 우리 집에서 대장이니까 어려운 문제에 쩔쩔매면 안 돼. 그럼 아무도 나를 존경하지 않을 거야.'라고 생각한다. 남자아이를 둔 부모들은 좀 더 엄한 부모가 되어 순종을 가르쳐야 한다. 작은 일에 순종하는 자녀가 큰 일에 협력할 줄 아는 사람이 된다. 고집 센 아이에게는 스스로 알아서 할 수 있는 영역도 필요하다. 부모는 아이에게 순종할 영역과 스스로 알아서 할 영역을 나누는 협상을 해야 한다.

부모가 아이에게 안 된다고 말하는 것도 중요하다. 관대하고 자유방임적인 오늘날 사회 분위기에서 아들 양육은 긍정적인 훈육과 보살핌에 초점을 맞춘다. 이러한 방식에 특별한 문제가 있다고는 생각하지 않지만 가끔은 "안 돼!"라고 따끔하게 말하는 것도 중요하다. 확실한 금지와 이에 대한 설명은 옳고 그름을 배우는 기초가 된다. 아들이 스스로 옳은 일을 분별해 행동에 옮길 수 있게 지도하자.

아들에게 반성하는 법을 가르쳐라

아이가 2살쯤 되면 다른 사람과 함께 살아가기 위해 맺은 계약이나 다른 사람의 입장을 고려할 수 있는 능력이 생기기 시작한다. 이때 계약이란 다른 사람과 어울려 살아가기 위해 자신의 행동을 조절하는 일과 관련된 것이다. 부모는 이 시기의 아들에게 다음의 내용을 반드시 가르쳐야 한다.

> 내가 하는 행동과 말은 그 자체로 끝나지 않는다. 다른 사람들이 나의 말에 대해 감정을 느끼고 생각을 한다. 따라서 말과 행동을 하기 전에 다른 사람들이 그것에 대해 어떻게 느끼고 생각할지를 고려해야 한다.

아이가 2살이 되면 '서서 생각해보기'라 부르는 양육 전략의 기초를 닦을 수 있다. 이는 아이 스스로 문제의 해결책을 생각해내고 행동에 옮기도록 훈련시키는 것을 의미한다. 아이가 부모의 지시를 따르지 않거나 잘못된 행동을 하면 방 한구석에 가만히 서 있게 한다. 그리고 잘못을 고치기 위해 무엇을 해야 하는지를 생각해보게 한다. 처음에는 아이가 가만히 서 있지 않으려 하기 때문에 물리적으로 힘을 가해 잡아둬야 할지도 모른다. 하지만 이러한 일이 몇 번 반복되다 보면 나중에는 구석으로 가서 반성하는 일을 순순히 받아들인다. 아이가 잠시 동안 서 있으면 다음과 같이 물어보자.

"서서 생각하기를 끝내려면 어떻게 해야 되겠니?"

아이가 아무 대답도 하려 하지 않거나 가만히 서 있으려 하지 않고 자신을 잡고 있는 엄마에게 물리적인 반항을 가할 수도 있다. 그렇다면 더 오랫동안 서 있게 한다. 결국 아이는 "어질러놓은 장난감을 치울게요."라든가 "앞으로는 친구랑 사이좋게 지낼게요."라며 문제를 풀어갈 것이다.

아이들이 가지고 있는 시간 개념은 부모에게 매우 유리하다. 유치원생에게는 구석에서 서 있는 1분이 길게 느껴지고 5분은 영원과 같다. 아무리 고집 센 아이라도 10분이 채 안 돼 구석에서 빠져나오기 위한 해결책을 말하게 되어 있다. 이 방법은 폭력적이지 않을 뿐만 아니라 공공장소는 물론 어디서든 효과적으로 사용할 수 있다. 아이를 눈앞에 세워두고 아무리 떼를 써도 차분하게 통제하면 된다. 그러면 아이는 자신의 생각을 새롭게 정리하고 해결책을 생각해내기 위해 집중한다. 이 일을 하는 동안 부모가 동료로서 아이 곁에 있어주면 아이의 적대감은 자신의 문제로 향한다. 단, 명심해야 할 것은 이 일을 할 때 벌을 세우는 게 목적이 되어서는 안 된다는 사실이다. 어디까지나 아들을 위하는 것이 목적이다.

아들은 칭찬을 먹고 산다

아들이 옳은 행동을 하거나 다른 사람에게 친절을 베풀거나 동정심을 보이면 즉각 적극적으로 칭찬한다. 그리고 가족이 모두 모인 자리에서 그것에 대해 이야기한다. 가족들 모두가 아들의 사려 깊은 행동을 칭찬하고 얼마나 자랑스럽게 생각하는지를 말해준다. 기회가 될 때마다 아들이 한 멋지고 위대한 행동을 조명하고, 부모로서 아들을 위해 품은 목표에 다가서도록 도와주자. 그 목표는 아들이 이 세상에서 행복하고 자신감 있게 살아가는 것이다.

아들 잘 키우는 tip
말 안 듣고 말썽 부리는 아이들의 이유

☆ 배가 고프다.
☆ 피곤하다.
☆ 불만이 있다.

'강물이 바닥나면 바위가 보인다.'라는 말은 참으로 지혜로운 속담이다. 부모는 아들을 제시간에 먹이고 충분히 재울 필요가 있다. 또, 불만을 해소하도록 도와줘야 한다.

아들에게 가족 규칙을 가르쳐라

남자아이들에게 기본적인 3가지 가족 규칙을 시각적으로 알려주자.

○ 다른 사람을 다치게 해서는 안 된다.
○ 물건을 망가뜨려서는 안 된다.
○ 자신에게 상처 입히지 말아야 한다.

실천하기
아들이 가족 규칙을 잘 지키게 하는 방법

☆ 100원짜리 동전을 넣을 깡통이나 단지를 준비한다.
☆ 아들이 이틀 동안 특별히 지켜야 할 주제를 고른다. '다른 사람에게 친절히 대하기' 혹은 '부모님 말씀 잘 듣기' 같은 것이 좋다.
☆ 아들이 주제를 잘 지킬 때마다 충분히 칭찬하고 100원짜리 동전을 단지에 넣는다. "○○야, 멋지구나.", "정말 다른 사람의 입장을 잘 배려하는구나.", "엄만 네가 정말 자랑스럽다."와 같은 칭찬의 말을 듬뿍 해준다.

☆ 아들이 주제를 지키지 않을 때마다 단지 안에서 동전을 하나씩 꺼낸다. "어쩔 수 없이 동전을 하나 빼야겠다."라고 안타까움을 표하면 더욱 효과적이다.

☆ 이틀이 지나면 단지에 모은 동전을 꺼낸다. 아들을 다이소 같은 곳에 데려가 그 돈으로 원하는 물건을 살 수 있게 해준다. 올바른 행동에 대해서는 확실한 보상을 해야 한다.

칭찬은 구체적으로 하라

"넌 멋진 아이야." 혹은 "넌 훌륭해."와 같은 일반적이지만 구체적이지 않은 칭찬 또한 아이에게 기쁨을 주기는 한다. 하지만 구체적인 행동을 가리켜서 집중적으로 정확하게 해주는 칭찬만큼 효과적이지는 않다. 일반적인 칭찬은 분위기를 따뜻하고 밝게 띄워준다. 하지만 구체적이고 정확한 칭찬은 아들의 올바른 행동을 강화시키고 무엇이 부모를 기쁘게 하는지 알게 해준다.

"장난감을 깨끗하게 치웠구나. 엄마 일을 덜어줘서 고마워. ○○이 덕분에 장난감을 깨끗하게 오래 쓸 수 있겠다."

"동생 가방을 대신 들어주다니 정말 좋은 형이네. 우리 ○○처럼 남을 배려할 줄 아는 아이도 없을 거야."

"○○가 엄마를 도와주니까 한결 편하다. 우리 아들이

있어서 엄마는 정말 든든해."

구체적인 칭찬을 할 때는 아들의 어떤 행동이 왜 훌륭한지를 구체적으로 정확하게 이야기한다. 그리고 아들이 스스로를 평가하는 말로 이해하고 흡수할 수 있는 호칭으로 불러주는 것도 좋다. 예를 들어 '멋진 문제 해결사, 친절한 신사, 엄마를 돕는 천사' 등이 있다.

아들에게 예절을 가르쳐라

아들에게 예절을 가르친다는 것은 어떤 의미일까? 예절은 내면에 있는 인간의 존엄성을 인정하고 그것을 확실하게 밖으로 드러내는 것이다. 많은 연구에 따르면, 좋은 예절을 배운 아이들은 범죄에 말려들지 않는다고 한다. 옛 서양 속담 중에 '포도밭을 망가뜨리는 것은 작은 여우들이다.'라는 말이 있다. 어릴 때 작은 예절을 제대로 배워두지 않으면 인생 전체가 망가질 수 있다는 의미다.

아들에게 예절을 가르치는 것은 '깨진 유리창의 법칙'과도 딱 맞아떨어진다. 이 법칙에 따르면, 10대 청소년들이 이곳저곳 어슬렁거리며 돌아다니거나 버스에 무임승차하는 것만 막아도 뉴욕에서 큰 범죄가 줄어든다고 한다. 마찬가지로 예절을 가르치는 일은 우선은 창문이 깨지는 것부터 막아 결국 더 안전한 마을을 만드는 원리와 통한다.

예절 바른 가족, 나아가 예절 바른 사회를 만드는 것은 "죄송합니다."나 "감사합니다."처럼 다른 사람을 배려하는 말 한마디에서부터 시작된다.

수줍음이 많은 아들로 키우지 마라

아들에게 다른 사람과 의사소통하는 법을 가르치고 인간관계에 능숙해지도록 도와주자. 더불어 부끄러워하며 뒤로 숨으면 안 된다는 것도 알려주자. 아들이 다른 사람의 눈을 쳐다보며 "안녕히 계세요." 하고 인사하기를 거부하거나 부끄러워하며 도망가면 부모로서 할 일이 생긴 것이다. 아들에게 끈기 있게 예절을 가르쳐야 할 시간이 찾아왔기 때문이다.

할머니나 할아버지처럼 안전한 사람을 상대로 인사 연습을 시키되 반드시 예절을 지키게 한다. 인사는 간단해도 좋다. 하지만 아이가 뚱하게 말하지 않는 것으로 사람들의 주의를 끌려 하거나 통제하려는 경향을 보인다면 즉각 버릇을 고쳐야 한다.

"할아버지, 할머니께 '안녕히 계세요.'라고 인사하렴. 네가 공손하게 인사할 때까지 우린 안 갈 거다."

그러고 나서 가만히 기다린다. 혹시 아이가 망설이면

준비가 될 때까지 차에 앉아 있게 한다. 어쨌든 타협의 여지가 없다는 것을 알려주는 게 중요하다. 아이가 망설이는 동안 부모가 신문이라도 읽고 있으면 자신이 인사를 할 때까지 결코 움직이지 않으리라는 것을 알게 된다.

아들에게 대화하는 법을 시각적으로 가르친다. 부모가 먼저 어떤 이야기를 하고 아들에게 테니스공을 던진다. 그리고 아들이 대답하면서 다시 공을 부모에게 던지게 한다. 이렇게 테니스공을 주고받으며 대화하면 이야기가 오가는 흐름을 깨닫게 할 수 있다. 무엇보다 대화가 진행되는 과정을 시각적으로 보여주기 때문에 학습 효과가 크다. 저녁 식사 시간을 활용해 아들과 이야기를 나눠보자. 밥을 먹으면서 집안 식구들의 전설적인 이야기나 사촌들이 저지른 우스운 일에 대한 이야기로 대화를 이어가도 좋다.

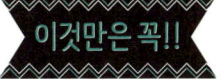

유아기 아들에게 필요한 것은…

- 신체적으로 필요로 하는 것을 채워줄 수 있는 안전한 환경
- 이것저것 탐험하며 배울 수 있는 안전한 틀
- 말과 행동의 적절한 경계를 만들어줄 수 있는 관대하면서도 자신감 있는 부모
- 다른 사람과 협력할 수 있도록 자극하는 편안한 분위기
- 무엇이든 알고 배우려는 왕성한 호기심을 충족시킬 수 있는 환경
- 따뜻한 신체적 접촉으로 친밀함 표현하기
- 일관된 가르침과 일상
- 자주 외출하고 새로운 경험하기
- 폭넓은 가족 관계와 친구 관계 속에서 즐겁게 지내기

인간이 도덕성을 지키려고 애쓰는 노력은 매우 중요하다. 내면적인 균형뿐만 아니라 심지어 존재 자체도 도덕성에 달려 있다. 행동으로 도덕성을 보여줄 때 삶은 아름다움과 위엄을 갖출 수 있다.
알버트 아인슈타인

아이들에게 책을 읽어주는 일은 감정적으로 친밀함을 주고 도덕적 상상력을 키워주는 좋은 기회다.
제인 소머스

CHAPTER 07
아들 양육의 적기는 초등학생 때다

아들이 사춘기에 이르기 전 초등학생 시절은 양육에 있어서 기회의 시간이다. 이 시기에 아들을 이해하고 지지하면서 끈끈한 유대 관계를 맺어두자. 효과는 그로부터 10년 후까지 계속될 것이다. 하지만 요맘때 남자아이들은 부모로부터 서서히 독립하려 하고 제멋대로 굴려 한다. 부모도 자연스레 아들이 하는 대로 내버려두는 일이 많아지고 아이가 어떤 남자로 자라 세상으로 나아갈지 고민하는 일도 줄어든다. 그렇지만 아들이 6~10살일 때가 부모에게는 특별한 기회다. 지혜롭고 사회에 도움이 되는 어른으로 자라도록 만들어줄 모든 가능성을 염두에 두고 아들의 멋진 인생 코치가 되자.

아들이 초등학생일 때를 양육 적기로 삼아라

아이를 키우면서 부모로서 최적의 양육 기회는 초등학생 시절이다. 이 시절의 남자아이들은 무엇이 옳고 그른지를 알고 싶어 한다. 또, 규칙을 배우고, 옳고 그른 것의 경계를 아슬아슬하게 넘나드는 것을 즐긴다. 엄마와 아빠가 무엇을 생각하는지도 궁금해한다. 아이가 이 시기를 잘 보내면 다가오는 사춘기를 무사히 보낼 수 있다.

아들은 다음의 내용에 대해 궁금증을 품는다.
○ 누구의 책임인가?
○ 규칙은 무엇인가?
○ 규칙은 정당한 방법으로 강요되고 있는가?

초등학생 남자아이들은 자기들만의 세계를 배워가기 시작한다. 그래서 남자들과 어울리기를 좋아하고 남자인 친구와 놀려 한다. 이 시기의 남자아이들은 밖에서 무리 지어 거칠게 뒹굴며 노는 것을 좋아한다. 함께 야구나 축구 같은 공놀이를 하거나 자전거 타기를 한다. 자연환경만 허락한다면 숲 속에서 요새를 쌓고 전쟁놀이를 하는 것도 좋아한다. 농장 지대에서 자라는 아이들은 위대한 자연의 품에서 자신의 능력을 시험하며 어른이 되어간다. 그리고 주변 남자들에게 육체적인 노동에 능숙해지는 법을 배운다. 하지만 오늘날 위험을 싫어하는 도시 환경에서 자라는 남자아이들은 할 수 있는 행동에 많은 제한이 따른다. 예전에는 신체를 움직이며 하던 활동 대부분이 전자 기기를 작동하는 것으로 대체되었다. 이러한 변화는 많은 면에서 남자아이들에게 부정적인 영향을 끼치고 있다.

아들이 미디어에 길들여지지 않게 하라

초등학생 아들을 둔 부모는 코치, 매니저, 리더가 될 수 있다. 현대 사회의 도시 환경에는 남자아이를 기르는 데에 특별한 어려움이 있다. 부모로서 아들을 둘러싼 전자 제품, 사이버 공간, 온라인 게임 같은 것을 관리해줄 필요가 있다. 이러한 환경이 아들의 인생을 지배하지 않도록 막기 위해 책임지고 아들의 컴퓨터 사용 시간을 정해줘야 한다.

아들에게 소년 시절 특유의 경험을 하게 하자. 아들과 낚시, 캠핑, 하이킹을 하는 것도 좋다. 남자아이들은 무리 짓는 것을 좋아하는데 아들이 가장 속하고 싶은 무리가 가족이 되게 한다. 남자아이는 마음 깊은 곳에서 전쟁의 승리와 모험의 삶을 갈망한다고 한다. 또, 남자아이는 자신만의 꿈을 가지고 있으며 그 꿈은 소중히 다뤄져야 한다. 뒷마당에서 서로 뒤엉켜 놀거나 스스로 생각해낸 모험을 즐기면서 역경에 맞서는 법을 배워가고 있는 셈이다.

미국에서는 300만 명에 가까운 남자아이들이 리탈린을 복용하고 있다. 리탈린은 주의력을 향상시켜 ADD나 ADHD를 개선하기 위한 정신 흥분제다. 사실 이들 중 다수가 어린 허클베리 핀일 뿐이다. 즉, 사회가 약물을 이용해 억누르고 싶어 하는 감정을 자주 느끼고 표현하는 보통 아이들일 뿐이다. 하지만 많은 아이들이 주의력에 문제가 있는 것 또한 사실이다. 그런데 왜 지난 몇십 년 동안 남자들 사이에서 이토록 많은 주의력 결핍 문제가 발생하고 있는 것일까?

요즘 남자아이들은 미디어를 지나치게 많이 접하고 미디어를 통해서 많은 활동을 한다. 게다가 명상하며 자신을 돌아볼 시간이 거의 없다. 아이들을 둘러싼 환경은 물리적으로도 복잡하다. 이 환경은 통제하기 힘들 정도로 아이들의 뇌를 자극한다(그래서인지 바쁜 도시 환경에서 사는 아이들일수록 ADD나 ADHD가 흔하다). 이처럼 현대 사회에서는 남자아이들이 주변 환경에 지나치게 자극을 받으며 살아가는 것이 당연시되고 있다. 100여 년 전만 해도 남자아이들은 자신을 돌아볼 시간을 더 많이 가질 수 있었고 시각적인 미디어와 접촉한 시간은 거의 없었다. 현재 남자아이들은 제한을 훨씬 덜 받고 자극은 훨씬 더 많이 받는다. 신경 생리학자들은 오늘날 우리 아이들이 미디어 과잉 시대를 살아가고 있다고 진단한다. 즉, 미디어로 인한 자극이 너무 많아 좀처럼 주의 집중을 할 수 없는 환경인 것이다. 만약 아이에게서 집중력 문제를 발견했다면, 정확한 진단을 내리고 일상에서 지나친 자극을 줄이려는 노력을 해야 한다. 문제가 심각하면 TV, 게임, 컴퓨터, 스마트폰과 같은 자극 원인을 없애야 한다. 지나친 자극은 아이의 두뇌를 통제하고 거의 마비 상태로 몰아간다.

아들이 한 분야의 전문가가 되게 하라

부모는 6~12살 남자아이들의 여러 가지 능력을 계발하고 키워주어야 한다. 따라서 최소한 한 가지 분야에서 아이가 탁월해지도록 교육하는 일은 매우 바람직하다. 여러 가지 취미나 스포츠 활동 혹은 그 외 다양한 학습 활동을 해보고 아이가 흥미를 보이는 분야에 몰입할 수 있게 도와준다. 자존감은 다른 사람의 평가보다는 스스로 자신의 능력을 깨닫게 되는 것에서부터 생겨난다.

아들이 한 분야의 전문가가 되게 하자. 운동에 재능이 없는데도 여전히 운동 서클에 남아 활동한다면 다른 일을 권해본다. 아이가 더 잘할 수 있는 취미나 흥밋거리를 찾아 빠져들게 하는 것이다. 그다음 단계에서는 아들이 흥미를 보이는 분야에서 유능해질 수 있도록 도와준다. 아들은 스스로를 그 분야의 전문가로 여기거나, 친구들보다 뛰어나다고 생각하며 자부심을 느낀다. 이 경험은 살면서 좌절을 겪더라도 스스로의 가치를 아주 밑바닥까지 내동댕이치며 무너지지 않게 아이를 붙잡아준다.

한 가지 일에서 성공한 경험은 자존감을 되살리는 용수철이 될 수 있다. "난 여기서는 실패했지만 야구 경기장에 가면 최고의 타자야.", "좋은 도미를 잡으려면 어떻게 미끼를 끼워야 하는지 나처럼 잘 아는 사람은 없을걸?" 하며 좋은 기억을 되살리고 스스로를 다독이게 된다.

아들은 아빠를 통해 '진짜 사나이'가 된다

초등학생 아들을 둔 아빠는 아들이 사춘기에 이르기 전까지의 시간을 특별하게 활용할 수 있다. 아들의 인생에서 아빠와 동지애를 쌓기에 이보다 더 좋은 시간은 없다. 아들이 어떤 필요 때문이 아니라 순수하게 좋아서 즐기는 취미나 운동을 함께한다. 캐치볼, 주말 낚시, 캠핑을 함께하는 것도 좋다. 아들이 사춘기가 되면 차츰 부모와 가족의 품을 떠나려 한다. 그렇다 하더라도 이와 같은 경험은, 아빠와 아들이 함께 운동하거나 산길을 걸으며 모험한 기억을 공유한 동지로서 사춘기 아들과 계속해서 친밀한 관계를 유지하는 든든한 배경이 된다.

14살 아들은 아버지가 얼마나 무식한지에 놀라고 19살 아들은 그 사이에 아버지가 얼마나 많이 유식해졌는지에 놀란다고 한다. 그렇다. 5, 6년만 참고 기다리면 아들은 분별력을 갖춘 청년으로 자란다. 아들이 사춘기에 접어들면 무엇이든 스스로 하려고 아빠를 밀어낼 것이다. 하지만 아들이 6~12살이었을 때 좋은 동지로 지냈다면 사춘기 시기에도 여전히 친밀하게 아들의 삶에 개입할 수 있다.

아들은 학교 선생님을 통해 배운다

남자아이들은 교과 내용보다 선생님에게서 배우는 게 더 많다. 따라서 선생님이 어떤 사람인지가 매우 중요하다. 남자아이와 선생님 사이에 갈등이 생기면 학습이 제대로 이루어지지 않을 수 있다. 여자아이들은 선생님과 갈등이 있어도 학습은 학습대로 해나간다. 하지만 남자아이들은 공부를 아예 하지 않으려는 경향을 보인다.

선생님이 좋은 이야기꾼이고, 훌륭한 유머 감각을 가졌으며, 규칙을 믿고 공정하며, 가르치는 데 열정을 보인다면 이보다 더 좋을 수 없다. 원래 좋은 선생님은 부모 같고, 좋은 부모는 선생님 같아야 한다. 또, 남자아이들은 이러한 선생님의 가르침에 활발하게 반응한다. 남자아이들은 움직이면서 감정을 드러낸다. 좋은 선생님들은 이 사실을 충분히 알고 있다. 말썽을 피운 남자아이들은 한곳에 앉아 저지른 일을 반성하게 하는 것보다 운동장을 돌게 하는 것이 더 효과적이라고 한다.

남자아이들은 과제가 주어지고 그것을 수행하며 깨달은 내용을 친구들 앞에서 발표할 때 많은 것을 배운다. 이 과정을 통해 문제를 해결하고 어떤 일에 숙달된 듯한 성취감을 느껴 남자아이들 특유의 심리적인 욕구가 충족되기 때문이다. 남자아이들은 다른 사람을 가르치면서 배운다. 남자아이들은 사진과 같은 시각적인 자료를 통해 쉽게 배우기도 한다. 아들에게 사진을 읽게 하자. 사진을 잠시 들여다본 뒤 그것의 의미나 자세한 정황을 설명하게 하면 상황을 이해하는 능력이나 언어 구사력이 향상된다. 나중에는 다른 과목을 학습하는 능력도 더불어 좋아진다. 아들이 학습을 지나치게 힘들어하거나 아예 관심을 보이지 않을 수도 있다. 그렇다면 상상력을 발동시킬 만큼 흥미로운 활동을 통해 상황을 개선해볼 수 있다.

○ 아들은 귀로 들은 것을 거의 잊어버린다.
○ 아들은 눈으로 본 것을 거의 기억한다.
○ 아들은 직접 해본 것을 이해하고 내면화한다.

아들 잘 키우는 tip
남자아이가 선생님과 잘 지내는 법

☆ 자세를 바르게 해야 한다.
☆ 선생님 말에 관심을 보여야 한다.
☆ 선생님의 말을 따라야 한다.
☆ 가끔 고개를 끄덕이며 알아듣고 있다는 표시를 해야 한다.
☆ 다른 데 한눈팔지 말고 선생님을 바라봐야 한다.

아들은 가족 공동체 안에서 성장한다

많은 부모들은 아이가 초등학생일 때 가훈을 정해야 효과적이라는 것을 체험하고 있다. 가훈이란 '이것이 우리 가족이고 우리는 이러한 점을 지향한다.'라고 가족 전체가 의견을 모은 것이다. 특히 남자아이들은 공동체 의식을 공유하는 것을 좋아한다. 따라서 가족의 구성원이 되는 체험을 통해 기꺼이 가훈을 받아들인다. 많은 가족들의 증언에 따르면, 아이들에게 가훈을 써보며 외우게 했더니 서로 다투거나 속이며 욕하는 것과 같은 문제 행동이 줄었다고 한다. 문제가 있는 가정에서 가훈을 정하면 가족 공동체 의식을 형성하는 데 효과적이다. 이때의 가훈은 가족이 서로에게 기대하는 것을 반영하면 좋다.

아이들이 좋아하고 아이에게 도움이 되는 가훈을 예로 들자면 "우리는 항상 서로를 지켜주고 서로에게 충성한다."와 같은 것이다. 《가족의 힘(The Power of the Family)》의 저자 폴 피어설(Paul Pearsall)은 가족은 아이들에게 스스로를 유능하며 독립적으로 생각할 수 있는 존재라고 느끼게 만드는 열쇠라고 했다. 그리고 긴깅한 가족은 정기적으로 치르는 소소한 행사를 갖춰야 한다고 했다. 이 행사의 핵심은 아이들에게 소속감이나 자신이 인정받고 있다는 느낌을 느끼도록 하는 데 있다. 남자아이들이 가족 안에서 이와 같은 경험을 하지 못하면 일탈에 빠지기 쉽다. 건강한 가정은 가족 전체가 지향하는 가치를 아이들과 공유하며 따르게 하고 있다. 이러한 가족의 특징을 살펴보면 '우리는 서로에게 이러이러한 것을 기대한다.'를 나타내는 가훈이 모든 식구들 사이에서 공유되고 있다. 가훈은 아이들을 내적인 강인함과 정의감을 갖춘 사람으로 성장하도록 돕는다.

  훌륭한 부모들은 아이들에게 자존감과 자신감을 심어주는 일을 중요하게 생각한다. 그리고 자신의 가족을 '우리'라고 표현하기를 즐긴다. 가족이 지켜야 할 규칙에 대해서도 '너'가 아니라 '우리는 ○○해야 한다.'라고 한다. 예를 들어, "네 방 좀 깨끗이 치워."라는 말보다는 "우리 집을 깨끗한 곳으로 만들기 위해 다 같이 애쓰자."라고 말한다. 또, "네가 늦게 들어올 때는 집에 전화해."보다는 "늦을 때는 집에 알리는 게 우리 집 규칙이야."라고 말한다. 이러한 방식의 대화는 가족 간의 주인 의식과 공동체 의식을 심어준다.

  부모가 가족 규칙을 만들면 남자아이들에게 책임감을 느끼고 규칙을 더 잘 지키도록 격려할 수 있다. 또, 아이들이 어떤 일을 처리할 때 다른 가족들의 권리와 욕구를 배려하도록 가르칠 수도 있다. 이렇게 작고 소소한 규칙을 지키는 하루하루의 일상은 아이의 습관이 되고 더 나아가 아이가 살아갈 미래에 대한 청사진이 된다. 물론 가족 규칙을 항상 지키기는 어렵지만, 가족들이 함께 지향할 기준이 되고 아이가 사춘기에 접어들어 반항할 때 협상할 수 있는 기준이 될 것이다.

물론 아이들에게 지나치게 많은 규칙을 적용하고 싶지는 않을 것이다. 하지만 아이들에게 몇몇 규칙을 가르쳐주고 그것을 가족이라는 테두리 안에서 지키게 하면 가족의 삶은 훨씬 편하게 흘러간다. 청결이나 질서가 부모에게는 아주 중요한 일일 수 있지만 아들에게는 그렇지 않을 수 있다. 이럴 때 규칙이 있으면 부모 자녀 간에 협상이 용이해진다.

아들 잘 키우는 tip
가족 규칙의 예

☆ 우리는 "미안해.", "고마워.", "부탁할게.", "잠깐 내 얘기 좀 들어볼래?"와 같은 말을 사용한다.

☆ 우리는 다른 사람에게 욕을 하거나 무례하게 굴지 않는다.

☆ 우리는 가족 중 누군가 어떤 일을 시도할 때 비웃지 않는다.

☆ 우리는 속어를 쓰지 않는다.

☆ 우리는 다른 사람 말을 자르지 않고 끝날 때까지 기다린다.

☆ 우리는 결백하다는 주장을 믿어주고 상대방의 설명을 차분히 들어본 뒤 결론을 내린다.

- ☆ 우리는 지키기 어려워 보이는 약속은 하지 않는다.
- ☆ 우리는 서로 사생활을 존중해주고 각자의 소유물을 인정해준다.
- ☆ 우리는 나이 든 사람을 공경한다.
- ☆ 우리는 다른 가족이 이루어낸 성과를 축하해준다.
- ☆ 우리는 전화 예절을 지킨다.
- ☆ 우리는 야외에서 하는 활동을 실내에서 하지 않는다.
- ☆ 우리가 TV나 게임 때문에 싸우면 한 번 경고를 받는다. 그래도 싸움을 멈추지 않으면 게임이나 TV 시청을 아예 하지 못한다.

아들 잘 키우는 tip
아이에게 권한 주기

- ☆ 법무부 장관 정하기 | 자녀가 둘 이상이라면 서로 돌아가면서 법무부 장관이 되게 한다. 장관으로 지내는 기간 동안은 특정한 권리와 권위를 누리게 된다. 차 안에서 누가 어디에 앉을지, 어떤 채널을 볼지 등을 결정하고 누가 먼저 씻을지를 두고 다툼이 일어날 경우 중재한다(물론 법무부 장관도 늘 부모의 권위에는 복종해야 한다).

☆ **집안일 분배하기** | 가족이 함께해야 할 집안일을 나누어 각각 쪽지에 적는다. 이 쪽지를 바구니나 모자 속에 넣고 제비뽑기를 한다. 집안일을 신나는 음악을 틀어놓고 함께할지 아니면 각자 편한 시간에 알아서 할지 결정한다.

식사 시간을 토론의 장으로 활용하라

아들은 다양한 방법으로 압박받으며 험한 세상을 살아간다. 대중 매체는 늘 진실의 일부만을 말하고 부정적인 사건을 확대해서 보도한다. 아들의 세상은 서열 다툼으로 긴장되어 있고 종종 잔인하기까지 하다. 가정은 남자아이들이 바깥세상으로부터 피할 수 있는 안전한 장소다.

저녁 식탁은 가족들을 위한 즐거운 토론의 장이 되어야 한다. 아이들은 이곳에서 농담을 던지며 하루 동안 받은 마음의 짐을 내려놓고, 버릴 것은 버리고 얻을 것은 얻어야 한다. 특히 어른들의 통찰력과 지혜를 배워 다시 세상으로 나아갈 힘과 도움을 받아야 한다. 아들은 어른인 부모에게 자신의 하루를 들려주면서 삶의 커다란 의문에 대해 이야기 나누고 싶어 한다.

오늘날 사회는 개인들의 행동 방식이나 경계에 대해 의견 일치를 보지 못하고 있다. 따라서 가족이 소중히 여기는 가치에 대해서는 목소리를 키워 강조할 필요가 있다. 그렇게 되면 이 가치가 가족 간의 재미있는 대화와 축하의 말 속에서 녹아들 것이다. 남자아이들은 자연스럽게 가치를 흡수하며 부모가 소중히 여기는 이상적인 인격에 다가가기 위한 연습을 하게 된다. 저녁 식탁에서 다음과 같은 일을 해보자.

- 함께 읽은 책에 대해 토론하고 퀴즈를 낸다.
- 존경할만하고 품위 있는 남자들이 나오는 책을 아들에게 읽혀 영감을 준다.
- 아들이 자신의 생각과 감정을 이야기하게 한다.
- 아들에게 "○○한다면 어떻게 하겠니?"라고 질문한다. 예를 들어, '자신이 어울리는 무리가 다른 아이를 집단으로 따돌리며 괴롭히고 있다면 어떻게 하겠니?'와 같은 질문이다.
- 아들에게 그날 하루에 대해 별 10개를 만점으로 해서 점수를 매기게 한다. 그리고 왜 그 점수를 줬는지 물어본다.

아들 잘 키우는 tip
아들과 대화 연습하기

'네' 혹은 '아니오'로 대답할 수 없는 질문을 던져본다. 아이는 자신의 필요에 관심을 가져주고 채워주려는 사람들을 믿는다. 아이에게 미리 생각한 질문을 하고 대답을 듣는 시간은 사랑을 표현하는 좋은 방법이다. 아들의 생각을 이미 다 알고 있다고 자신하는 일은 위험하다. 많은 상황에서 성공과 실패를 가르는 것은 상대방과 눈 맞춤을 잘하는 것이다. 가족 간의 대화와 상호 작용을 통해 이러한 기술을 연습하면 아들은 자연스럽게 대화 방법을 익히게 된다. 아들과의 대화에 활기를 불어넣는 질문을 알아보자.

☆   10년 뒤에 네가 어떤 사람이 되어 있을지 그려볼래?
☆   네가 가장 좋아하는 노래, 영화, 책, TV 프로그램 3가지는?
☆   우리 집 식구들이 한 달 살아가는 데 얼마나 필요할 것 같니?
☆   네 미래를 생각할 때 어떤 점이 가장 기대되고 어떤 점이 가장 두렵니?
☆   리더가 된다는 것은 무슨 의미라고 생각하니?
☆   네가 이제까지 배운 위인들 중 가장 위대한 3명은 누구니?
☆   왜 가끔 착한 사람들이 나쁜 일을 당하고 나쁜 사람들이 잘되는 것일까?

- ☆ 하루 중 언제가 가장 좋니?
- ☆ 네 곁에 두고 싶지 않은 사람이 있니? 네 형제들 중 누가 가장 그렇지?
- ☆ 네가 엄마나 아빠라면 가장 중요한 5가지 규칙을 무엇으로 하겠니?
- ☆ 넌 다른 사람들과 함께 있는 게 좋니? 아니면 혼자 있는 게 좋니? 그 이유는 뭐지?

아들에게 윤리와 도덕을 가르쳐라

정직, 용기, 우정, 일관성, 믿음 등은 소위 말하는 좋은 인격적 특성이다. 남자아이들이 이 자질을 인정하고 계발하게 하려면 어떻게 해야 할까? 부모는 아이에게 좋은 것과 나쁜 것, 옳은 것과 그른 것의 예를 보여줘야 한다. 6~10살 정도 나이가 되면 아이는 좋은 인격을 가지고 살았던 사람들의 이야기나 문학 작품을 통해 많은 것을 흡수할 수 있다. 요즘 인기 있는 이야기책과 고전을 섞어 다양하게 준비해보자. 위대한 업적을 일궈낸 영웅에 대한 이야기도 아이들에게 호소력이 크다. 이러한 재미난 이야기 속에 담긴 교훈은 부모의 가르침을 통해 아이들에게 전해져 도덕적 기반이자 행동 판단의 근거가 된다.

가족이 함께 독서하는 습관을 기른다. 한 번에 한 챕터를 읽고 그것에 대해 서로 이야기를 나눈다. 이 시간만큼은 모든 가족이 스마트 기기를 멀리하고 각자의 삶에 대해 생각해 볼 수 있다. 가족들이 함께 고른 영화를 봐도 좋다.

최근 들어 윤리적인 절대 기준이 흔들리면서 양육이 더욱 힘들어졌다. 사회가 점점 더 물질주의화, 개인주의화되고 있는 이 시대에는 도덕적으로 충실한 가훈을 내세우고 지키기가 매우 어렵다. 최근에 뉴질랜드의 한 초등학교에서 교훈을 둘러싸고 논쟁이 벌어졌다. 전통적으로 내려오는 교훈은 '와서 배우라. 그리고 나가서 봉사하라.'였는데, 일부 학부모들이 '와서 배우라. 그리고 나가서 성공하라.'로 바꿔야 한다고 주장했기 때문이다. 부모들의 이러한 행동은 교육적 목표와 연관 지어 어느 정도 이해할 수는 있다. 하지만 세계관이 자신의 이익에만 한정된다면 아들에게 절반의 삶만 살게 하는 셈이다. 이로 인해 잃어버릴 수 있는 윤리적인 가치는 본질적으로 자신을 둘러싼 다른 사람을 어떻게 대하는지와 관련되어 있다.

지난 수천 년 동안 문명으로부터 물려받은 기본적인 윤리나 예절에는 어떤 것이 있을까? 우선 금지하는 것으로는 도둑질, 거짓말, 약속을 어기는 것, 아동 학대, 동물을 잔인하게 다루는 것, 이기적인 행동 등이다. 또, 장려하는 것으로는 다른 사람에 대한 자비심, 존경, 관대함 등이 있다. 부모가 가장 좋아하고 존경하는 친구나 지인들을 떠올려보자. 그리고 다정하고 화목한 가정 출신인 사람이라면 누구에게든 서로 이해하고 사랑하는 관계가 무엇을 바탕으로 이루어지는지 물어보자. 아마도 이타심과 희생이라는 대답이 돌아올 것이다. 태어날 때부터 이타적인 사람은 없다. 자기중심적인 아이를 다른 사람을 배려하고 사랑할 줄 알며 원칙을 지키는 사람으로 키우는 것은 부모의 의무이자 권리다. 전해 내려오는 도덕과 윤리를 지키고 이 전통을 다음 세대로 전하는 일은 매우 중요하다.

아이들이 복잡한 현대 사회에서 피할 수 없는 도덕적 딜레마를 헤쳐나가려면 가치 기준이 필요하다. 부모는 아이에게 본보기를 보여줄 롤모델이자 아이 내면에 윤리적 판단 근거를 만드는 데 기준이 되는 사람이 되어야 한다.

아들 잘 키우는 tip
분노 조절하기

아이가 보이는 분노에 대부분의 부모들은 똑같이 분노로 반응한다. 부모의 이러한 반응을 보며 아이는 분노에 어떻게 반응해야 할지 배운다. 아이 때문에 화가 치밀 때 어떻게 대처하는가? 가만히 억누르며 수동적인 대처를 하는가? 화를 폭발시키는가? 좀 더 적절한 다른 감정이나 행동으로 거듭나게 하는가? 아이에게 분노에 대처하는 방법이 여러 가지가 있다는 것을 알게 하고 어떤 것을 선택해야 할지 가르쳐준다.

☆ 분노가 치밀어오르면 자리를 피해 다른 곳으로 가서 식힌다.
☆ 아이가 느끼는 분노에 대해 함께 이야기할 수 있는 존재가 부모라는 것을 알린다.
☆ 아이의 감정이 격해져 있을 동안 말을 하도록 강요하지 않는다. 이는 아이의 감정을 가라앉히는 데 전혀 도움이 되지 않는다.
☆ 분노에 대처하는 계획을 세워준다.
☆ 다음에 분노가 치밀 때 그것에 단계적으로 대처하는 연습을 시킨다.

아들에게 감정을 표현하게 하라

집이 감정적으로 안전한 장소가 되게 해야 한다. 발달 심리학자이자 《남자아이와 의사소통하기(Boy Talk: How You Can Help Your Son Express His Emotions)》의 저자인 메리 폴스-린치(Mary Polce-Lynch)는 많은 남자아이들을 심리 치료하면서 공통적으로 들었던 고백이 있다. 남자아이들은 부모가 학업이나 운동 활동에는 큰 관심을 보이지만, 자신의 내면에서 어떤 일이 일어나는지에 대해서는 아무것도 묻지 않는다고 불평했다. 상황이 이렇다 보니 남자아이들은 스스로의 감정에 대해 입을 다물게 된다. 폴스-린치는 이 현상에 대해 "남자아이들은 자신의 감정을 이야기하는 게 받아들여지지 않는 환경에서 자라는 경우가 대부분이다. 10대가 되어 여자친구에게는 감정 표현을 할지 모르지만 이때는 이미 늦었다."라고 말했다.

여자아이들은 일상에서 지속적으로 감정을 표현하는 데 익숙하지만 남자아이들은 그렇지 않다. 물론 본질적으로 여자아이들과는 다른 성향을 타고나기 때문일 수 있다. 부모는 아들이 원할 경우 언제든 마음껏 감정을 표현할 수 있는 집안 분위기를 만들어야 한다. 감정을 표현할 때 거부당하거나 비난받을까 봐 두려워하지 않게 해야 한다. 학교에서 일어났던 일에 대해 함께 이야기 나누고 아들의 친구들이 느꼈을 감정이나 생각에 대해서도 이야기한다. 이 과정은 아들이 자신의 생각을 실천하는 데에 도움이 된다. 이미 벌어진 일이나 어떤 걱정스러운 상황에서 아들이 취하려는 행동에 대해서도 함께 이야기한다. 산책을 하거나 여행을 가면 대화가 훨씬 잘 풀릴 수 있다. 아들과 어깨를 나란히 하고 걷다 보면 아들이 편안하게 이야기를 꺼낼 것이다.

아들 잘 키우는 tip
아들에 대해 반드시 알아야 할 사실

☆ 아들은 충성스럽다. 아들은 가족이나 친구가 조롱받으면 기꺼이 맞서 싸운다. 누군가 자신의 동생에게 심한 욕을 하면 결코 가만히 있지 않고 응징하러 나선다.

☆ 아들은 건강한 자아를 가지고 있다. 회복 능력이 커서 사소한 마음의 상처는 빨리 이겨낸다.

☆ 아들은 놀라울 정도로 다듬어지지 않은 지능의 소유자다. 아들은 퀴즈를 좋아한다.

☆ 아들은 경쟁력이 뛰어나다. 경쟁을 즐기고 지지 않으려 하기 때문에 어떤 일이든 높은 수준까지 완성할 수 있다. 아들은 단번에 끝나는 시험보다는 일정 기간 동안 서로 경쟁하며 진행하는 과제를 좋아한다.

실천하기

☆ 아들에게 너무 많은 것을 물어보고 설교하고 충고하지 않는다.

☆ 아들에게 조언해줄 때는 가능하면 말을 적게 하고 고개를 끄덕이며 수긍해준다. 학교에서 꾸지람을 들었다고 하면 무엇을 잘못했는지부터 물어보지 말고 "기분이 나빴겠구나." 하고 아이의 감정에 공감해준다.

☆ 아들이 더 많이 말할 수 있게 한다. 고개를 끄덕이거나 맞장구치며 아들의 이야기를 들어준다.

아들에게 긍정적인 마인드를 심어줘라

이 시기 남자아이들은 우울증이나 냉소주의에 대한 예방 주사를 맞을 수 있다. 아이들에게 스스로 삶을 통제하고 있다는 기분이 들게 하고, 삶의 변화를 불러올 행동을 할 수 있다는 자신감을 가지게 하자. 이러한 체험을 하지 못하고 '나는 나 자신에게 일어날 어떤 일에도 영향을 끼칠 수 없다.'라는 생각이 굳어지면, 아이는 학습된 무력감에 사로잡히게 된다. 이는 수동적이고 비관적인 태도로 이어진다. 비관주의는 아이 인생이 마음껏 뻗어나가지 못하도록 둘러싸는 딱딱한 껍데기가 되고, 전반적으로 삶에 대한 태도를 어둡게 물들인다.

남자아이들에게는 어느 선까지 나이에 적절한 선택을 맡길 것인지를 '협상'하는 과정이 꼭 필요하다. 이 과정에서 아들은 자신의 선택이 어떤 결과를 낳는지를 보면서 책임감을 키우게 된다. 또, 변화시키기 어려운 부분이 있다는 사실을 알게 되고 어떤 환경은 개선시킬 수 있다는 것도 깨닫는다. 이러한 인식은 스스로 삶을 통제할 수 있다는 생각을 키우는 데 아주 좋은 경험이 된다.

아이가 일관성, 준비성, 자신감, 목표를 향한 노력 등의 자질을 키울 수 있도록 도와야 한다. 그리고 아이에 대한 부모의 신뢰도 보여줘야 한다. 아이에게 어려움을 헤쳐나갈 자질이 충분하다는 것을 믿는다고 수시로 말해준다. 바버라 콜로로소(Barbara Coloroso)는 부모가 자녀와 상호 작용하면서 어떤 메시지를 줄 때 아이 내면의 힘이 강해진다고 언급했다. 아이에게 말이나 행동을 통해 다음의 메시지를 전달해보자.

- "너라면 할 수 있다고 믿어."
- "넌 이 문제를 충분히 통제할 수 있어."
- "넌 정말 믿음직한 사람이야."
- "넌 충분한 보살핌을 받고 있어."
- "우리는 네 말을 귀 기울여 듣고 있어."
- "넌 내게 정말 중요한 존재야."

자신을 격려하고 지원하는 부모에게 건강한 메시지를 받으며 자란 아이들은 회복력도 좋다.

- "배우는 동안은 좀 못해도 괜찮아."
- "실수해도 괜찮아. 실수란 바로잡을 수 있는 거야."
- "우리에게는 늘 또 다른 기회가 있어."

목표는 아들에게 꿈과 에너지를 준다

자존감은 자신이 점점 발전하고 있다는 느낌이 들 때 생겨난다. 아들이 성취할 수 있는 목표를 세우도록 도와주고 목표를 성취하면 마음껏 축하해주자. 그 목표가 축구팀에 들어가는 것이든, 자전거를 사기 위해 저축하는 것이든 상관없다. 목표를 위해 노력하고 달성했을 때 성취감을 느끼고 축하받는 과정은 아들의 능력뿐만 아니라 감성 지능(EQ)을 발달시킨다.

아들이 취미 생활을 갖게 하라

남자아이(여자아이도 마찬가지다)에게 운동을 장려해야 한다. 남자아이들은 축구, 야구, 농구, 테니스와 같은 운동의 규칙을 이해하면서 사교적인 능력을 키울 수 있다. 특정 운동을 어느 정도 할 수 있게 되면 자연스레 그 운동을 함께할 남자들 무리와 어울리게 된다. 뿐만 아니라 다른 운동을 통해 또 다른 남자들 무리에 어울리는 일이 쉬워진다. 그다지 운동을 좋아하지 않는 아이들에게는 몸의 움직임이 격렬하지 않은 활동을 시키는 게 좋다. 팀 스포츠로 적당한 것을 찾지 못했다면 승마, 골프, 양궁, 탁구, 수영처럼 혼자 할 수 있는 것도 좋고, 태권도나 유도처럼 자기방어를 할 수 있는 운동도 좋다. 운동은 아니지만 규칙을 배우기에는 바둑도 좋다.

초등학생 남자아이들은 한 학기에 하나씩 운동을 골라 배워볼 것을 추천한다. 남자아이들이 나중에 자신의 모든 것을 바쳐 위험을 감수하며 어떤 일에 뛰어들게 하려면 크고 작은 성공을 맛보는 경험을 쌓아야 한다. 이를 위해 어떤 놀이에 익숙해지기 전에 부모가 경쟁자로 나서서 일부러 져주는 것도 좋다. 아들이 초기에 작은 성공의 경험을 쌓도록 다양한 시도를 해보자. 패배의 경험 또한 인생에 대한 교훈을 주지만 일단 초기의 성공을 통해 어느 정도 자신감을 쌓은 뒤에 실패해도 늦지 않다. 운동이 즐겁다는 사실을 깨닫게 될 때까지 여러 차례 작은 성공을 경험하게 한다.

운동이 중요하다고 해서 가족을 위해 해야 할 일을 가르치기를 게을리해서는 안 된다. 아들에게 요리, 동생 돌보기, 응급 처치와 같은 임무를 부여한다. 이를 실천하는 가장 좋은 방법은 한 번에 하나씩 숙지시키는 것이다. 요리를 예로 들면, 하나의 레시피를 완벽하게 익히도록 해서 일주일에 한 번 정도 아들이 직접 저녁 식탁을 차리게 한다. 가족들이 함께 아들의 요리를 먹으며 맛있다고 칭찬해준다. 아니면 매주 주말마다 아빠와 아들이 함께 주말 요리를 차리는 행사를 마련해보는 것도 좋다. 아들은 이 과정을 통해 집안일도 잘해낼 수 있다는 성취감과 재미를 맛보게 된다. 더불어 평소 집안일을 해주는 엄마에 대한 감사의 마음을 가진다.

아들 잘 키우는 tip

남자아이들에게 운동은 꼭 필요하다. 운동은 인생을 가르쳐주는 위대한 스승이기도 하다. 남자아이들은 운동을 하면서 다음과 같은 것을 배울 수 있다.

☆ 규칙을 지키며 움직여야 한다.
☆ 코치의 말에 귀 기울여야 한다.
☆ 정의로운 승리자가 되어야 한다.
☆ 품위 있게 질 줄 알아야 한다.
☆ 자신만의 능력을 계발해야 한다.
☆ 팀의 구성원으로서 움직여야 한다.

아들의 나이에 적절한 선택권을 줘라

남자아이들은 자신이 발전하고 있다는 것을 느끼고 싶어 한다. 다시 말해, 점점 더 많은 선택을 스스로 알아서 할 만큼 성숙해진다는 느낌을 받고 싶어 한다. 아들이 아직 어리더라도 연령에 적절한 선택을 스스로 할 수 있도록 허락해준다. 그리고 그 결과를 책임지는 법을 배우게 한다. 작은 결정을 연습하다 보면 어떤 상황에서든 좋은 선택을 할 수 있는 사람으로 자랄 것이다.

별로 중요하지 않은 일에 대한 선택을 전적으로 아이에게 맡겨본다. 7살짜리 아들이 촌스러운 티셔츠를 입겠다고 하면 아이가 그러한 옷을 입었다고 해서 당장 큰일이 생기는 것은 아니니 무작정 반대하지 않는다.

아이를 지배하는 부모가 되려는 성향이 있다면 가능할 때마다 아이에게 "그래."라고 대답하는 연습을 하자. 다음과 같이 말하는 법을 배운다.

○ "그래. 만일 ○○한다면 ~"
○ "그래. ○○한 뒤라면 ~"
○ "그래. ○○할 때라면 ~"

아들이 계획적으로 생활할 수 있게 하라

남자아이들은 계획을 세우고 따르는 데에 서툴고 부모의 도움이 필요하다. 아이의 방에 화이트보드를 걸어두고 아침저녁으로 해야 할 일을 적어주면 많은 도움이 될 것이다.

무언가 잘못되고 있으면 화이트보드에 적어둔 하루 계획을 떠올리게 한다. 그다음 아이가 해야 할 일이 무엇인지 확인한다. 또, 준비물을 알아서 챙기는 습관을 길러줘야 한다. 우산을 두고 나가 홀딱 젖어 감기에 걸렸거나, 도시락을 가져가지 않아 점심을 굶어야 했던 경험은 계획적인 생활 습관을 기르는 데 좋은 스승이 된다.

실천하기
휴대용 임무 카드

아들이 지각하지 않게 하려면 아침에 할 일을 잘게 쪼개어 계획을 세우면 좋다. 이 계획을 작은 카드에 적어 늘 가지고 다니게 한다. 이른바 '아침 카드'라 부르는 이 카드에 다음과 같은 사실을 적어두면 좋다.

☆ 일어나 환기하기

- ☆ 이불 개기
- ☆ 옷 입기
- ☆ 아침 먹기
- ☆ 그릇을 설거지통에 담그기
- ☆ 이 닦고 세수하기
- ☆ 가방에 준비물이 다 들어 있는지 확인하기
- ☆ 엄마에게 인사하고 학교 가기

아이들의 생활은 부주의하게 흐트러지기 쉽다. 그때마다 "카드를 봐라. 다음에 할 일이 뭐지?"라고 물어보고 확인해줘야 한다. 금요일 저녁에는 일주일 동안 카드에 적힌 임무를 잘 지킨 것에 대한 상을 주도록 한다.

아들 잘 키우는 tip

- ☆ 남자아이에게 도움이 되지 않고 효과가 거의 없는 방법 | 협박, 책임 전가, 위협하며 내리는 명령, 경고, 부모의 희생을 과시하는 말, 비웃음, "아무도 너랑 친구 하지 않을 거야."와 같은 나쁜 예언
- ☆ 남자아이에게 효과 있는 방법 | 본 그대로를 말하라. → 정보를 준다("그대로 두면 우유가 상한다"). → 구체적인 방

법을 말로 가르쳐준다("냉장고에 넣어라"). → 화이트보드나 임무 카드에 메모한다.

아들이 문제 상황에 스스로 맞서게 하라

많은 부모들은 아들의 문제 해결을 위해 힘쓰지만, 문제를 일으킨 아이에게 화를 내기도 한다. 이제부터는 아들의 문제를 직접 해결해주기 전에 아이 스스로 문제에 맞서게 하자. 그리고 화를 내는 것은 잠시 접어둔다. 이 상황에서 부모가 화를 내는 것만큼 비생산적인 일도 없다. 아들은 문제에 대한 책임을 느끼기보다는 부모의 분노에 어떻게 반응해야 할지를 몰라 당황할 것이다.

아들 스스로 문제를 해결하는 데 필요한 도움을 제공하고 아들의 인격과 문제를 분리해서 받아들인다. 아들에게 "넌 좋은 아이야. 하지만 이번 문제는 너답지 않은 일이구나."라고 긍정적인 메시지를 주면서 격려한다. 아들이 처한 어려움에 공감하면서 같은 편이 되어주는 것을 잊지 말자.

문제 + 결과 − 부모의 분노 = 교훈을 얻음

아들이 방어적인 태도를 취하도록 몰아가지 마라

아들이 잘못된 결정을 했을 때 필요한 것은 훈계가 아니다. 그 때문에 일어난 문제를 해결할 수 있는 좋은 방법부터 차근차근 찾아나가는 게 우선이다. 문제 상황이 벌어진 것을 책망하는 대신, 문제에 얽힌 진실을 차근차근 말할 시간을 주고 해결책을 찾기 위해 문제를 확인한다. 아들이 체육복을 학교에 가져가지 않은 상황을 가정해보자. 한 번은 가져다주기는 하되, 다음부터는 스스로 문제를 해결해야 한다고 설명한다. 그러면 앞으로 비슷한 문제가 발생하지 않도록 조심할 것이고, 설령 비슷한 일이 생긴다 해도 부모가 나서서 해결하게 만들지 않는다.

물론 아들은 어른이 아니기 때문에 여전히 부모의 공감과 도움이 필요하다. 그때가 되면 이렇게 말해보자.

"그거 정말 문제구나. 다음부턴 절대 그런 일이 생기지 않게 이 기회에 확실하게 해야겠구나."

남자아이들은 기회만 주어지면 멋진 해결사가 되고 싶어 한다. 또한, 명확한 지시와 간단한 규칙을 좋아한다. 합당한 이유가 없는 규칙을 강요하면 아들은 지키지 않으려 들 것이다. 따라서 마음대로 새로운 가족 규칙을 만들어 아들을 놀라게 하지 말고 아들과 함께 규칙을 정해보자.

아들이 말썽을 일으킨 후 반드시 관계를 회복해야 한다. CPR은 삶이 잘못된 길로 어긋나지 않도록 구해주는 말이다. 남자아이 훈육과 관련된 문제를 다룰 때 항상 CPR부터 확인해야 한다.

- 결과(Consequence) | 규칙을 지켰을 때의 이익과 지키지 않았을 때의 불이익
- 계획(Plan) | 잘못을 바로잡고 되풀이하지 않기 위한 과정
- 화해(Reconciliation) | 회복된 관계

아들 잘 키우는 tip

☆ 가족 규칙을 정하고 다음과 같은 방법으로 사용한다.
"규칙을 기억해라. 식구들끼리 이야기할 때에는 서로 공손한 말을 써야지."
"식구들끼리 서로 때리지 않기로 정했지?"

☆ 아들에게 어떤 일을 시킬 때에는 시간제한을 둔다. 미소를 띠며 아들의 순종을 기대하는 밝고 톤이 높은 경쾌한 목소리로 다음과 같이 말한다.
"점심 때까지는 네 방을 치워라."

"강아지 사료를 준 다음에 놀러 나갈 수 있는 거야."

☆ 결과를 통해 교훈을 얻게 한다.
☆ 명확한 규칙을 가지고 공정하게 집행한다. 화내지 않도록 조심한다.
☆ 당연한 이치가 통하는 규칙을 만든다.
☆ 권리를 적절하게 나누어 가지는 결과를 낳게 한다. 이는 일을 바로잡는 효과가 있을 뿐만 아니라 아이들이 잠시 기다리며 자신의 권리나 관심을 내려놓는 법을 배우게 한다. 주로 TV 채널 결정권이나 컴퓨터 사용 권리를 순서를 정해놓고 돌아가며 누리게 하는 데 쓰인다.
☆ 나이가 다른 아이들은 지켜야 할 규칙도 다르게 한다. 나이에 따라 잠자리에 드는 시간이 달라져야 한다. 공정하게 한다고 해서 아이들에게 완전히 똑같은 규칙을 지키도록 해서는 안 된다.
☆ 규칙을 끝까지 지킨다. 규칙의 엄격함보다는 규칙을 지키지 않았을 때 받을 불이익에 대한 확신이 더 중요하다.

나는 어떤 유형의 부모인가?

남자아이 양육에서 초등학생 시기는 매우 중요하다. 부모가 이 시기를 잘못 보내면 크게 후회할 것이라 경고하고 싶다. 이 시기 남자아이들은 곧 닥칠 사춘기를 준비한다. 사춘기가 되면 아들은 자신의 영역을 확보하고 독립된 한 사람으로 인정받기 위해 고군분투하면서 자아 정체성을 다져나간다. 다음은 존 코완(John Cowan)이 묘사한 여러 가지 양육 스타일에 대한 내용이다. 자신이 어떤 부모 유형인지 확인해보자.

우선 '군인형 부모'가 있다. 이 유형의 부모들은 한눈에 알아보기 쉽지 않다. 하지만 이 부모들이 말하는 것을 들으면 곧 알아챌 수 있다.

"내가 너한테 굳이 이유를 설명해야 되겠니? 하라면 해. 부모가 시키면 해야지."

군인형 부모는 많은 규칙과 교훈을 주지만 이유를 설명해주지 않는다. 군인처럼 엄격한 훈련에는 뛰어나지만 감정적인 공감이나 지원에는 서툴다. 아주 많은 부모들이 이 유형에 속한다. 이러한 부모들은 자신이 알고 있는 유일한 양육법만을 실천한다. 다시 말해, 자신 역시 군인 같은 부모 밑에서 자랐고 어느새 부모가 된 자신도 똑같이 군인형 부모가 된 것이다. 군인형 부모는 아들이 완벽하게 자라기를 원하기 때문에 한 치라도 잘못된 길로 빠지지 않도록 수많은 규칙과 기준을 제시한다.

이와 같은 부모 밑에서 자란 아이들은 사춘기가 되면 반항심을 보이기 쉽다. 어렸을 때는 부모의 말을 잘 들었을지 모르지만 10대가 되면 더 이상 순종하지 않는다. 왜일까? 부모가 강요하는 많은 규칙의 합당한 이유를 모르기 때문이다. 원래 아이들은 부모가 금지하는 많은 일이 왜 나쁜 것인지 잘 모른다. 아이는 규칙을 어기면 심한 벌을 받는다는 것을 알기 때문에 부모가 보는 데에서는 규칙을 지키는 척한다. 하지만 부모의 눈을 속일 수 있는 곳에서는 하고 싶은 대로 하는 나쁜 요령을 터득하게 된다.

군인 같은 부모 밑에서 자라는 아이들이 겪는 진정한 비극은 눈속임이나 반항에 그치지 않는다. 가장 심각한 문제는 아이들이 부모는 물론이고 자기 자신도 싫어하게 될 수 있다는 점이다. 아이들의 자존감이 압도적으로 낮은데, 그 이유는 성장기에 필요한 칭찬과 인정을 충분히 받지 못했기 때문이다.

다음으로 '해파리형 부모'가 있다. 해파리형 부모들은 아이들이 그다지 안전하지 않은 상황에서 자기 마음대로 행동해도 내버려둔다. 흔히 다음과 같은 식으로 이야기한다.

"학교에서 또 문제가 있었다고? 대단하신 선생님들이 너를 들들 볶았겠구나. 학교 하루 쉬면서 기분 전환해볼래? 네가 제일 좋아하는 거 먹으러 갈까?"

"그래서 오늘 밤에 텔레비전으로 영화를 보겠다는 거니? 영화 보고 숙제하고 언제 잘 거야? 내일 학교에서 졸면 안 되는데… 아무래도 엄마가 네 숙제를 좀 해줘야겠다."

자식한테 이 정도로 나약하게 구는 부모가 있겠냐고 생각한다면 오산이다. 이러한 부모들이 생각보다 많기 때문이다. 해파리형 부모의 특징은 아들에게 지켜야 할 선을 뚜렷하게 지정해주지 못한다는 점이다. 이 부모들은 주로 마트 같은 곳에서 쉽게 발견할 수 있다. 바닥에 누워 팔다리를 휘두르며 울고 떼쓰는 아들을 보며 "애가 아직 어리잖아요? 도저히 어떻게 할 수가 없어요."라고 말하고 있는 부모들이 있다. 결국 부모의 말대로 그 아이는 부모가 도저히 손쓸 수 없는 사람으로 자랄 것이다.

8살 난 아들이 배를 만들겠다며 아빠가 소중히 여기는 공구를 가져갔다고 가정해보자. 퇴근 후 집에 온 아빠가 아끼는 망치가 녹이 슨 채 방바닥에 뒹구는 것을 봤다. 이 상황에서 군인형 부모는 당장 이렇게 외칠 것이다.

"이 녀석아! 아주 혼쭐을 내줄 거야!"

하지만 해파리형 부모는 이렇게 말할 것이다.

"걱정 마라, 우리 강아지. 아빠가 네가 쓸 수 있는 망치 하나 사줄게. 네가 공구도 쓸 줄 알고… 아빠 기분이 좋은데?"

이들 부모 유형과 달리 아들의 장래를 생각하는 사려 깊은 부모 유형, 일명 '대쪽형 부모'라 불리는 유형이 있다. 이 유형의 부모는 훈육 기준이 확실하고 감정에 휩쓸리지 않는다. 그리고 차분한 목소리로 이렇게 말할 것이다.

"자, 네가 무슨 일을 벌였는지 봐라. 네가 어질렀으니 스스로 치워야겠지? 그런데 망치에 문제가 생겼구나. 저기에 철수세미랑 기름 있으니까 가져다 닦아라. 수세미로 녹을 벗겨내고 기름칠을 하는 게 좋겠구나. 어서 가서 한번 해봐. 도움이 필요하면 아빠를 불러."

물론 아빠는 자신이 하는 게 훨씬 빠를 뿐만 아니라 아들이 해놓은 일은 어차피 다시 해야 한다는 것을 잘 알고 있다. 하지만 대쪽형 아빠는 문제 상황을 아들에게 스스로 문제를 해결하는 방법을 가르칠 좋은 기회로 삼는다.

지금까지 언급한 3가지 유형의 부모를 둔 남자아이가 15살이 되었다고 가정해보자. 아들에게 어린 시절과는 비교도 할 수 없을 정도로 심각한 문제가 생겼다. 부모는 각각 어떤 반응을 보일까? 군인형 부모를 둔 아들은 문제가 발생하면 얼어붙을 것이다. 아이의 내면에는 여전히 무서운 아빠가 고함치고 있다. 아들은 우울함을 이겨내기 어려워하며 마음의 고통을 잊기 위해 아예 나쁜 길로 빠져버릴 수 있다. 해파리형 부모를 둔 아들은 도망쳐버릴 것이다. 아이의 내면에서 "우리 강아지 이게 무슨 난리니? 걱정 마. 아빠가 다 해결해줄 거야."라는 목소리가 들린다. 상황이 어떻게 되든지 간에 아이는 도망부터 칠 것이다. 하지만 대쪽형 부모를 둔 아들은 다르다.

"음, 문제가 생겼군. 내 문제니까 내가 해결하겠어. 이 세상에 해결하지 못할 문제는 없어."

아들 잘 키우는 tip
아들이 순수한 칭찬을 할 줄 아는가?

서로 깎아내리는 데 익숙한 가정의 문화를 바꿀 1가지 방법을 소개한다. 가족의 생일이 돌아올 때마다 식구들 모두가 식탁에 둘러앉아 생일을 맞은 사람에 대한 칭찬을 한마디씩 하는 것이다. 칭찬의 길이는 상관없으나 반드시 순수한 마음에서 우러난 칭찬과 감사의 말이어야 한다. 비난하는 말이나 욕은 당연히 안 되고, 무언가를 요구하기 위한 의도성 짙은 칭찬이어서도 안 된다.

아들의 행동을 무턱대고 고치려 들지 마라

전 세계적으로 방송되고 있는 뉴욕 라디오의 인기 진행자인 로라 슐레징어(Laura Schlessinger)는 저서 《인생을 망치는 7가지 변명(How Could You Do That?)》에서 자신이 라디오에서 사람들의 행동 심리에 대해 상담하게 된 과정에 대해 쓰고 있다. 슐레징어는 생물학 박사이자 심리학 박사다. 슐레징어의 고백에 따르면, 사람의 행동 밑바닥에 자리 잡은 심리를 멋지게 밝혀낼 수 있게 된 것은 라디오에 출연하는 사람들과 교감을 나누면서부터라고 한다.

일반 대중들과 더 많은 이야기를 나눌수록 슐레징어에게는 점점 더 큰 믿음이 생겼다. 인간으로서 살아간다는 것은 생존과 희열을 추구하는 것 이상이라는 사실이 확실해졌다. 슐레징어가 눈여겨본 인간의 능력은 불굴의 정신과 숭고한 목표였다. 이는 반드시 생물학적인 이유나 그 외에 타고난 배경 때문에 생겨난 것으로 설명할 수 없는 특징이었다. 슐레징어는 인간이 도덕성 덕분에 본능을 뛰어넘는 고귀한 특징을 가지게 된 것이라고 주장했다. 덧붙여 "내가 확실히 알게 된 사실이 있다. 사람들이 해결하기로 결심하거나 회피하기를 원하는 문제에 접근할 때에는 선과 악이라는 기준에 따라야 한다는 것이다."라고 말했다.

아들에게 올바른 성 정체성을 심어줘라

이론적으로 초등학생 시절 남자아이들의 성적 정체성은 잠재되어 있다. 이 시기 남자아이들은 여자아이들에게 특별한 관심을 보이지 않는다. 왜냐하면 발달 과정상 이 시기의 남자아이들은 남자가 되는 것이 무엇인지를 알고 그것을 좇아가기에 바쁘기 때문이다. 이 아이들이 곧 피할 수 없는 사춘기를 맞고 몸속의 테스토스테론 수치가 치솟는다. 이로 인해 뇌의 반응이나 활동이 완전히 달라지며, 반항적인 행동을 보이거나 예전과 다른 시각으로 이성을 바라보는 변화가 나타난다.

현대 사회는 이 시기의 남자아이들이 정신적으로 건강하게 살아가기 쉽지 않다. 성을 상품화하고 성적 매력을 지나치게 강조하기 때문이다. 요즘 아이들은 아주 어린 나이에 성적인 이미지에 노출되기 쉽다. 심지어 포르노물을 접할 수도 있다. 안타깝게도 이 시기에 겪은 최초의 성 경험은 평생의 기억을 지배하는 각인 효과가 있다. 이 시기에 남자아이의 성에 대한 인식이 부적절한 방향으로 자리 잡기 시작하면 평생 성에 대해 왜곡된 관점을 지니고 이성에게 진정한 친밀함을 느끼지 못하게 될 수 있다. 부모는 아이들을 부적절한 성적 이미지나 성적 포식자로부터 보호하는 데 경계를 게을리해서는 안 된다. 호시탐탐 아이들을 노리는 소아 성애자와 같은 성적 포식자는 아이들의 성숙함으로는 감당하기 어려운 성적인 상황으로 몰고 간다.

아들이 접할 예능이나 오락물의 기준을 정해 부적절한 성적 이미지에 노출되지 않도록 한다. 또, 집 안에서 '수영복 규칙' 같은 것을 실행해 성이 얼마나 중요한 것인지 깨우쳐 준다. 수영복 규칙은 아이가 수영복을 입었을 때 가려지는 부위를 알려주고 이 부분은 다른 사람이 건드리거나 만지면 안 된다고 알려주는 것이다. 부모는 성적인 것이 부끄럽거나 죄스러운 주제가 되지 않고 미래의 꿈과 연결되기를 원한다. 아들이 성과 관련된 질문을 해도 자세히 대답할 필요는 없다. 이 시기 아이들은 기본 사항만 알아도 충분히 호기심을 채울 수 있다.

부모는 아들이 진정한 친밀함에서 우러난 사랑과 신뢰가 넘치는 관계를 경험하는 남자로 성장하기를 원한다. 또한, 아들이 건강하게 서로 의존하며 동반자적인 사랑을 즐길 수 있는 관계를 경험하기를 바란다. 이를 위해 부모는 아들을 건강한 관계를 누릴 수 있는 사람으로 키워야 한다. 아들에게 성에 대한 올바른 정보를 주어 긍정적이고 건강한 각인을 경험하게 하고, 자신과 타인의 몸을 소중히 여기게 해야 한다.

부모는 성에 대한 적절한 시각을 가져야 한다

어린아이와 청소년들에게 겸손하고 단정한 태도를 가르치는 데에는 충분한 이유가 있다. 자신과 다른 사람을 존중하고 넘지 말아야 할 선에 대한 개인적인 경계를 정하는 것과 관련 있기 때문이다. 남자아이들에게 기본적인 예절을 가르쳐야 한다. 아들이 아무리 멋진 몸매의 소유자이더라도 다른 사람들이 보는 앞에서 옷을 갈아입지 않는 것처럼 다른 사람들도 지키고 싶은 사생활이 있다는 사실을 알려줘야 한다.

관계나 몸을 대하는 부모의 태도는 매우 중요하다. 부모가 성과 몸을 더러운 주제로 여긴다는 인상을 주고, 그에 대한 자연스러운 질문에 화를 내거나 허둥대는 과잉 반응을 보이면 어떻게 될까? 아이들은 자기도 모르게 성과 관련된 것을 금기시해야 한다는 생각을 갖게 된다. 하지만 그렇다고 해서 성에 대한 호기심이 사라지는 것은 아니다. 오히려 부끄러움이나 죄책감과 함께 훨씬 더 커지며, 엉뚱한 곳에서 호기심을 채우려 하기도 한다. 저속한 잡지, 부적절하고 잘못된 정보로 가득한 대화와 인터넷 사이트 등 성에 대한 아이의 시각을 왜곡시킬 수 있는 것이 주변에 많다는 현실을 염두에 두자.

아들이 부적절한 성적 행위와 관련되었다는 사실을 알게 되었다면 일단은 가만히 있는다. 과잉 반응하지 않도록 조심하면서 사건에 대한 정보를 모은 뒤 침착하게 후속 조치를 취한다. 아들에게 성에 대한 이야기를 할 때에는 미래의 꿈이라는 관점에서 접근한다. 예를 들어, 아들에게 미래의 어느 날 마음속에 꿈꿔왔던 멋진 여자친구를 만났다고 상상하게 하고, 성은 그러한 특별한 사람과 나눠야 할 소중한 것임을 알려준다. 아들은 미래의 사랑과 안전이라는 맥락 안에서 성을 생각하게 될 것이다.

아들은 부모의 도덕성과 인간관계를 유지하는 신뢰, 친절, 소통, 자아 통제에 대한 믿음을 자기 것으로 받아들이기 쉽다. 물론 가정 안에서 충분한 설명이 이루어지고 그것을 본보기로 삼는 과정이 필요하다. 평소에 부모가 아이들에게 진정으로 친밀한 관계와 결혼의 가치에 대해 자주 이야기하는 가정에서는 아이들도 미래의 동반자에 대해 소중히 생각하고 자신도 그러한 대접을 받으리라 기대한다. 부모가 실제로 처한 환경이 이상적이지 않거나, 아들에게 권해주고 싶은 환경이 아닐 수 있다. 그래도 부모는 여전히 아들을 위한 꿈을 꾸고 그것을 이루기 위해 계획을 세워야 한다. 이는 미래에 아들이 맺을 관계를 선택하는 데 지대한 영향을 끼친다.

진보적인 성교육을 하라

아들이 8~9살쯤 되면 성에 대한 의미심장한 이야기를 들려줄 필요성을 절감한다. 흔히들 '성교육'이라 부른다. 하지만 성교육이라는 말은 자칫 오해를 불러일으킬 수 있다. 아이들의 성에 대한 부모의 책임이 단지 몇 번의 집중적인 교육으로 제한된다는 느낌을 주기 때문이다. 성이라는 것은 일정 기간 동안의 교육으로 배워야 할 성격의 것이 아니다. 아이가 자라는 동안 나이에 따라 적절한 정보를 조금씩 주는 것이 가장 바람직하다. 특히 가족 중에 누군가 임신을 하게 되면 여러 가지 이야기를 들려줄 좋은 기회다. 성과 친밀한 관계라는 측면에서 옳고 그른 행동에 대한 이야기를 들려준다. 남자아이는 초등학교에 입학하기 전에 아기가 어디서 태어나는지를 유아어가 아닌 일반적인 용어로 말할 수 있어야 한다. 또, 남자아이와 여자아이의 해부학적인 차이와 신체 각 부분의 명칭도 알고 있어야 한다. 신체 부위를 제대로 알고 있다면 그것을 대신하는 귀여운 속어를 쓰는 것은 어느 정도 묵인해줘도 괜찮다.

부모는 아이가 성적인 학대로부터 스스로 몸을 지킬 수 있도록 여러 가지 정보를 제공해야 한다. 자신의 몸에 닿은 다른 사람의 손길 중 어떤 것을 용납하면 안 되는지, 어떤 어른을 따라가면 안 되는지, 예기치 못한 사건이 일어나면 어떻게 대처해야 하는지를 가르친다. 가족만이 아는 암호를 정해두고, 누군가 다가와 가족이 찾는다며 데려가려 할 경우 암호를 묻게 하는 것도 좋은 방법이다. 암호를 대지 못하는 사람을 절대로 따라가서는 안 된다는 것을 확실하게 교육시켜야 한다.

사춘기를 앞둔 아들에게 부부가 주고받는 따뜻한 사랑의 표현을 견본으로 보여준다. 아빠와 엄마가 정신적, 육체적으로 서로를 얼마나 아끼고 사랑하는지 보게 한다.

아빠와 아들만의 주말여행을 계획하라

아들에게서 사춘기 증상이 나타나기 전에 아빠와 함께하는 주말을 계획한다. 아들은 특별한 이벤트가 있는 주말을 아빠와 계획하며 기다리게 된다. 이 시간 동안 아빠와 아들이 아기가 어디서 나오는가와 같은 비밀스러운 이야기만을 나누지는 않는다. 요즘 아이들은 성장 속도가 빨라서 그러한 정보는 11살 이전에 이미 다 꿰고 있다. 아빠가 주말 동안 아들을 데리고 다니며 전해줘야 할 것은 사춘기의 세계로 접어드는 시기에 유용한 정보다. 아빠와 아들이 주말을 함께 보내며 직장 동료들이 주는 압박감, 신체적인 변화, 아들의 나이대에 흔히 느끼는 열등감, 사랑, 우정, 데이트에 대한 이야기를 나누면서 어떤 가치관과 신념으로 살아가야 하는지를 알아갈 수 있다.

아들 잘 키우는 tip
초등학생 아들을 양육하는 부모를 위한 비법

☆ 대중 매체에 대한 노출을 감시한다. 아들이 폭력에 물들지 않도록 지키자. 방치된 분위기에서 폭력에 지나치게 노출된 남자아이들은 행위 능력이 확장되면서 폭력을 휘두르

며 잔인한 행동을 하기 쉽다. 아들이 지나치게 잔인하고 폭력이 난무하는 영화나 드라마를 보고 있는지 관찰하자. 단, 불필요한 폭력에 노출되었을 때 두려움 때문에 생겨나는 가학적 폭력과 액션 게임(혹은 장난감 총이나 칼을 가지고 하는 전쟁놀이)을 하려는 남자아이들의 자연스러운 성향을 혼동하지 않는다.

☆ 친밀한 유대 관계를 맺는 방법을 배운다. 함께 선택한 활동을 즐기면서 아들과 일대일 데이트를 한다. 아들과 어깨를 나란히 하며 즐거운 시간을 가진다. 단둘이 이야기하고 싶다면 등산을 가도 좋다.

☆ 나이에 적절한 집중력을 활용한다. 사춘기 이전의 남자아이들은 집안일이나 잠자기 전 10분 정도 독서에 집중하도록 하는 게 좋다.

☆ 불공평의 덫을 피해간다. 남자아이들이 울면서 가장 많이 하는 말이 "불공평해."다. 부모는 일단 매순간 공평할 수 없다는 것을 깨달아야 한다. 그렇다고 해서 아들이 불평할 때 "원래 인생은 그런 거야."라고는 말하지 않는다. 아들이 부모를 불공평한 존재로 인식할 수 있기 때문이다. 우선 아들의 감정적인 필요를 인정하고 지원해준 뒤 현실을 가르쳐준다.

"형은 캠프에 가는데 왜 나는 안 돼요?"

"너도 10살이 되면 갈 수 있어."

"나도 올해 가고 싶단 말이에요."

"알아. 기다리기 힘들지? 하지만 2년은 금방 가. 너도 곧 캠프에 갈 수 있어. 그러니까 형이 캠프에 다녀올 동안 우리는 뭘 할지 특별한 계획을 세워보자."

사춘기 이전 초등학생 아들이 원하는 부모가 되려면…

- 리더십을 가지고 가족 규칙을 확실히 정한다.
- 가족 안에 공동체 의식이 자리 잡게 한다.
- 다양한 신체 활동을 체험하게 한다.
- 기술을 배울 기회를 제공한다.
- 아들의 말에 귀 기울이며 대화한다.
- 가치관과 관련된 훈련을 시켜준다.
- 목표를 세우고 꾸준히 노력하도록 격려한다.
- 스포츠 활동을 지원한다.
- 확고하고 공정한 훈육을 실시한다.
- 아들의 성적인 발달과 미래의 성생활에 대해 소중하게 생각한다.
- 스스로에게 긍정적인 혼잣말을 하도록 가르친다.

남자아이는 어릴 때부터 정서적, 감정적으로 풍요로운 삶과 거리가 멀다. 자신도 모르는 사이에 고독, 침묵, 불신의 세계로 끌려들어가며, 심지어 10대 남자아이들 사이에는 잔혹 문화가 자리 잡고 있다.
댄 킨들런 & 마이클 톰슨, 《아들 심리학》

10대 아들은 기회 앞에서 망설이다가 수많은 공격을 받으며 당황하고 분별력을 잃는다. 백만 가지 기회가 오백만 가지 행복을 약속하는 듯 보이지만 아들이 마주하는 것은 천만 가지 실망뿐이다.
팀 스타포드, 《물질주의 속에서 정신적 가치를 지키며 살아가는 법》

CHAPTER 08

10대 아들을 조심스럽게 다뤄라

우리가 사는 세상은 너무나 빨리 변하고 있다. 놀라울 정도로 가속화되는 기술 발달과 더불어 양육을 위한 환경과 기본 원칙도 바뀌고 있다. 몇 년 전까지만 해도 부모들에게 컴퓨터를 모든 가족이 이용할 수 있는 곳에 두라고 했다. 10대 아들이 컴퓨터로 어떤 사이트에 접속해 무엇을 하는지 수시로 확인하기 위해서였다. 하지만 이제는 원한다면 부모의 눈에 띄지 않는 곳에서도 얼마든지 사이버 공간에 접속할 수 있다. 특히 스마트폰에서 사용되는 수많은 앱은 10대 아들이 원하는 대로 가상 커뮤니티를 만들고, 부모가 그곳에 들어오지 못하도록 철저히 차단할 수 있다. 또, 이러한 가상 공간이 있다는 것 자체를 부모가 눈치채지 못하게 막기도 한다.

  인터넷 세상은 10대 청소년들에게 수많은 선택의 기회를 열어줬다. 10대들은 영화를 보러 가다가도 SNS를 주고받아 단 몇 분 만에 계획을 바꿀 수 있다. 방금 알게 된 파티에 참석하거나, 친구 집에 놀러 가는 데 모두가 동의하는 일이 순식간에 벌어지기도 한다. 요즘 남자아이들은 한 가지 선택에 매달리지 않으며, 또래 집단 또한 예전보다 조직적으로 활동한다.

아들과 신뢰를 쌓아라

부모는 아들이 사춘기에 이르기 전 몇 년간을 지혜롭게 이용해야 한다. 이 시기에 아들과 강한 유대감을 쌓는 데 시간을 투자해야 하고, 인격의 기본 요소를 갖추도록 도와줘야 한다. 이 시기에 아들과 신뢰로 맺은 강한 유대 관계는 인생의 나머지 시간 동안 최고의 동지가 되어준다. 엄한 경찰관처럼 아이를 감시하고 통제하는 일은 결코 하지 않아야 한다. 이는 이 시기 남자아이가 부모에게 원하는 존경과 신뢰와 정반대로 가는 길이다.

여러 연구에서 확인한 바에 따르면, 10대들이 반항하며 성적으로 타락하지 않도록 막는 가장 좋은 저지책은 부모를 실망시키지 않으려는 마음이라고 한다. 아들이 사춘기에 접어들어 처음 몇 년 동안 극심하게 반항할 때에도 부모의 영향력은 여전히 막강하다. 사춘기 아들은 도전과 변화를 일상으로 여기며 부모를 싫어하는 것처럼 보일 수 있다. 하지만 이럴 때조차도 아들은 부모를 필요로 한다. 사실 그 어느 때보다 더 부모가 편안함과 안전감을 주는 역할을 해주기를 바란다. 부모가 긍정적인 분위기, 적절한 경계, 서로의 마음을 주고받는 소통, 앞으로 더 많은 자유를 줄 것이라는 믿음을 준다면 사춘기 아들은 별 문제 없이 무럭무럭 자랄 것이다.

아들이 사춘기에 접어들면 그전부터 쌓아오던 신뢰를 계속 더해가자. 아들이 최고의 모습을 보여줄 것을 기대하며 수시로 대화를 주고받는 관계를 만든다. 아들에 대한 관심과 지원을 보여주는 메신저를 자주 보내는 것도 좋다. 이와 같은 방식의 의사소통은 매우 긍정적인 효과가 있다. 10대 아들은 친구들과 함께 있을 때 부모와 의사소통하는 데 극도로 민감한 반응을 보인다. 특히 밖으로 애정을 드러내는 것을 꺼려 하는데, 메신저를 주고받으면 이러한 민감함을 피해갈 수 있다.

아들은 무리 짓는 것을 좋아한다

10대 남자아이들은 짐을 실어나르는 낙타 무리처럼 행동한다. 이 시기에는 부모도 무리 지어 행동할 필요가 있다. 학년 초에 집에 아들 친구들이나 부모들을 초대해보자. 이 기회를 통해 아들의 친구들에 대해 알 수 있으며, 부모들과 인사하고 전화번호를 교환할 수 있게 될 것이다.

아들이 유치원 다닐 때를 떠올려보자. 그 시절 아들 친구니 부모들을 모두 어떻게 알고 지냈는지가 기억날 것이다. 그 당시의 자연스러운 교제와 의사소통이 10대 아들을 둔 부모 사이에서 다시 필요해진다. 10대 아들을 위해 교제의 장을 마련한 부모들은 아이들이 더 그 시간을 기다린다고 이야기한다.

아들이 중학교에 들어가고 1년 정도는 부모에게 여전히 많이 의지한다. 이 시기에 부모들은 전화번호를 교환하고 아이들의 일상이나 집과 학교를 오가는 교통편을 챙겨줄 필요가 있다. 부모들끼리 유대 관계를 맺어두면 아들이 제시간에 집에 돌아오지 않거나 하는 걱정스러운 일이 생길 때 도움을 받을 수 있다.

아들 잘 키우는 tip

남자아이들은 어떤 무리에 소속되는 느낌을 좋아한다. 10대 남자아이들은 친구들에게 큰 영향을 받고, 친구들과 함께하기 위해 온갖 일을 가리지 않고 하려 든다. 또, 무리에 속한 남자아이들은 서로를 부추기며 좋지 않은 일을 벌이기도 한다. 가능하다면 아들이 학교 밖 다양한 클럽 활동을 할 수 있게 도와주자. 사진, 드라마, 음악 동호회를 추천하거나, 운동을 배우게 하는 것도 좋다.

아들의 뇌도 사춘기를 겪는다

대부분 인생에서 폭발적인 두뇌 성장을 2번 경험한다. 이 성장은 아장아장 걸음마을 뗄 때와 사춘기에 일어난다. 혈기 왕성한 사춘기 아들은 성장 단계상 절벽 끝에 서 있는 것과 같다. 다음 단계로 훌쩍 뛰어넘기 위해서다. 마치 걸음마를 시작한 아기가 칭얼거리며 말끝마다 싫다고 떼쓰듯이 불안한 자세를 하고서 말이다. 아들은 부모로부터의 독립과 자주성을 실험하는 중이다. 하지만 아직은 제대로 된 좋은 결정을 내릴 만큼 두뇌의 힘이 강해지지 않은 상태다. 아들의 머릿속에는 어떤 것에 반응하기 전에 정보를 분류하고 비교하도록 도와줄 '정신적인 교통경찰'이 자리 잡지 못했기 때문이다.

지난 10년의 새로운 연구가 있기까지 신경 과학자들은 인간 두뇌가 사춘기에 완전히 성장을 끝낸다고 생각했다. 하지만 MRI 촬영 기술이 발달하면서 그것이 사실이 아니란 것을 알게 되었다. 이에 대해 신경 과학자인 샌드라 위텔슨(Sandra Witelson)은 미국의 한 잡지 인터뷰에서 "10대의 두뇌는 여전히 성장 중이에요."라고 말했다. 이 사실이 중요한 이유는 부모가 유아기 아이의 두뇌 발달을 위해 마련한 전략이 사춘기 아이에게도 완벽한 효과를 나타낼 수 있음을 보여주기 때문이다. 부모의 도움 아래 스스로 선택하고 결과에 책임지는 과정을 되풀이하게 될 때 10대 남자아이의 두뇌는 비로소 충분히 성숙해진다.

아들 잘 키우는 tip
문자 메시지 예절

현대 사회에서 문자 메시지는 중요한 의사소통 수단이다. 아이들이 문자 메시지나 메신저를 예의 바르게 사용하게 하려면 기본적으로 지켜야 할 규칙을 정해줘야 한다.

- ☆ 문자를 주고받는 시간과 장소에 제한을 둔다. 사람들이 아무 때나 불쑥 집에 찾아올 수 없는 것처럼 문자를 주고받을 때에도 사생활을 지키며 혼자 편히 쉴 수 있는 시간이 필요하다.
- ☆ 같은 이유로 일상에서 스마트폰을 사용하지 말아야 하는 특별 구역이 있다는 것을 알려준다. 특히 잠잘 때, 식사할 때, 영화를 볼 때에는 스마트폰을 꺼두게 한다.
- ☆ 다른 사람과 대화를 나누면서 제3자와 문자를 주고받는 것은 무례하다.
- ☆ 문자 메시지를 끝낼 때는 고맙다는 인사를 잊지 않는다.

아들을 존중하라

부모가 10대 아들을 대하는 자세나 전략에서 반드시 필요한 것은 존중하는 마음이다. 사람들은 누구나 존중받고 싶어 한다. 아들이 불안한 사춘기에 접어들 때는 자신의 정체성을 찾으며 방황하기 쉽다. 이때 아들은 자신이 가치 있고 인정받을 만한 존재라는 것을 부모가 확인시켜주길 바란다. 또, 어떻게 성장해야 할지를 알기 위해 부모가 확실하게 방향 제시를 해주기를 원한다.

　아들은 부모의 동기 부여, 어른다운 판단력, 계획적인 일 처리 능력과 전략이 필요하다. 이 모든 것을 최대한 아들에게 줄 수 있도록 노력하자. 아들에게 괜찮다며 다 잘될 것이라 격려의 말을 아끼지 않는다. 행동으로도 아들의 사기를 북돋워준다. 아들의 실수나 약점을 꼬집어 비하하지 않는다. 이러한 행동은 모든 남자들에게 치명적인 충격을 안겨준다. 특히 10대 남자아이들은 경멸과 조롱이 담긴 말에 크게 상처받는다. 아들을 칭찬하고, 아들의 말에 귀 기울여 주고, 유머러스한 말로 즐거움을 선물한다.

　아들이 사춘기에 들어서는 몇 년 동안은 아들 자신에게나 부모에게나 롤러코스터를 타는 것처럼 격동의 시간이 되기 쉽다. 부모에게 쉽게 마음을 털어놓으며 의사소통하던 아들이 갑자기 말이 통하지 않고 화를 잘 내며 걸핏하면 대드는 반항아로 변한다. 이 시기에 부모가 여전히 아들을 통제하려 들고 자유를 주지 않으면 반항하는 정도는 더더욱 심해진다. 부모가 더 이상 자신의 행동과 생각을 통제할 수 없다는 것을 알리기 위해 아주 극적인 일을 벌여야겠다고 마음먹을 수도 있다. 아들은 가장 심각한 사춘기 병을 앓고 있다. 아이를 지배하고 통제하겠다는 생각을 버리고, 그동안 튼튼히 해둔 친밀한 유대 관계를 활용한다. 아들의 두뇌는 여전히 미성숙한 상태이지만 몸이나 마음은 어린 시절을 벗어나 어른의 세계로 접어들고 있다는 것을 이해한다.

사춘기 아들은 부모를 밀어내고 부모의 요구나 지시 사항에 대해 하나하나 의문을 표하며 자기 스스로 결정하려 든다. 자기 안의 바이오리듬에 맞게 정체성을 확립하며 독립된 존재로 거듭나려 한다. 부모가 제시하는 가치관을 받아들일지, 버릴지를 두고 이것저것 시험하며 망설이기도 한다. 이 과정이 끝나기까지 4~5년이 걸릴 수 있다. 하지만 사춘기 아들이 그토록 갈망하는, 존중하는 태도를 보이며 사춘기를 잘 보낸다면 이 시기는 큰 어려움 없이 무사히 지나갈 것이다.

바버라 콜로로소의 말대로, 신체적으로나 도덕적으로 위험하지 않는 한 아들에게 선택의 자유를 준다. 단, 신체나 도덕과 관련된 2가지 핵심 사항에 대해서는 확실한 경계를 정해주고, 그것을 벗어나지 않는 범위 안에서 선택하게 한다. 아들이 독특한 헤어스타일을 하거나 방 벽을 요란한 색으로 칠하거나 어울리지 않는 옷을 입으려고 해도 허용해주자. 이러한 선택까지 마음대로 못하게 하면 나쁜 경로로 자신이 독립된 한 인간이라는 사실을 드러낼 수 있다.

아들이 6~12살 사이에 머물 때 쌓아놓은 친밀한 유대관계가 이제 효과를 나타내게 될 것이다. 14살이라는 나이는 사실 아들이 긍정적인 미래를 향해 나아갈 수 있도록 밀어줄 수 있는 기회의 창이다. 이 나이 또래의 남자아이들은 집단 따돌림이나 학교 폭력, 약물, 가정의 방치 아래 버려지지만 않는다면, 대부분 자신의 미래에 대해 무언가 해낼 수 있다는 생각을 한다. 사춘기는 아들에게 삶 전체를 걸고 하고 싶은 일에 대한 영감을 불어넣으며 열정의 불을 지필 수 있는 시기다. 부모가 이와 같은 '창'을 무시하고, 아들이 물질주의나 지나치게 성에 탐닉하는 문화에 젖도록 내버려둔다면 아들은 위조된 거짓 만족에 머무는 삶을 살게 된다.

아들의 이야기에 귀를 기울이고 아들의 생각과 목표를 이루도록 도와준다. 아들이 남성으로서 정체성을 찾아가거나, 친구들의 부정적인 압력이 넘치는 세계에서 생활할 때 길을 잃지 않게 하려면 미래에 초점을 맞추는 것은 필수적이다. 부모가 아들의 이야기를 듣기도 전에 아들을 비난하거나 틀에 박힌 설교를 늘어놓는다면 아들은 더 이상 이야기를 하지 않으려 할 것이다. 17살 아들이 모든 결정을 알아서 하려 할 때에는 그것에 대해 충분히 대화를 나눈다. 특히 아들의 생각을 귀 기울여 들어준다. 아들은 자신의 말을 경청하는 부모에게서 존중받고 있음을 깨닫는다.

아들 잘 키우는 tip

아들에게 삶에는 의미와 목적이 있다는 것을 가르친다. 세속주의는 삶의 모든 것을 눈에 보이는 물질과 기능으로 축소해버린다. 하지만 삶을 진정으로 뒷받침할 수 있는 것은 '의미'와 '목적'이다. 모든 성장 단계를 포함해 아들의 삶 전체를 한눈에 훑어볼 수 있는 '인생 기록장'을 만들어보자. 성장 단계마다 겪었던 휴일, 스포츠 행사, 생일 파티의 사진을 기록한다. 아들은 방황하는 10대를 지날 때 이 책을 열어보고 '부모님은 정말 나에 대해 신경을 많이 쓰고 있구나. 이렇게 내 성장 역사를 다 기록하다니. 내게는 과거도 있고 미래도 있구나.' 하는 중요한 사실을 깨닫게 될 것이다.

사춘기 아들은 부모보다 친구를 더 중요하게 여긴다

10대 남자아이들은 많은 모험과 아드레날린이 필요하다. 뉴질랜드 학교에서 수많은 남자아이들을 관찰해온 조셉 드리센(Joseph Driessen)은 10대 남자아이들을 남성성을 기르는 삶으로 이끌어가는 것에 대해 이야기했다. 남자아이들은 체계적이면서도 도전 의식을 불러일으키는 환경에서 자라야 남성성이 발달한다. 지적인 흥미를 적절히 유발하는 신체 활동, 긍정적인 또래 집단과의 교류, 리더십 체험이 있어야 한다.

　　남자아이들은 친구끼리의 우정을 아끼고 중요하게 생각한다. 특히 이 시기 남자아이들은 목표 결정이나 행동에서 같은 무리에 속한 친구들에게 큰 영향을 받는다. 10대 친구들이 끼칠 수 있는 부정적인 영향을 받으면 쓸데없는 우월 의식, 성적인 일탈, 음주, 흡연과 같은 나쁜 습관에 휩쓸리거나 중독되기 쉽다. 한편, 학습을 적대시하는 친구들과 어울리게 되면 학업 성취의 즐거움과 멀어진다. 남자아이들은 어떤 무리와 어울리는지에 따라 다른 사람이 된다. 여자아이들보다 훨씬 더 서로를 따라 하기를 좋아하며, 함께 어울려 다니는 친구나 주변의 대상을 모방하려 한다. 사춘기 초기에 학교, 운동, 동아리, 그 외의 취미 활동을 통해 사귄 친구들은 아들의 삶에서 멋진 동지가 된다.

　　남자아이들이 12살 정도일 때 어울린 친구들은 아이에게 지대한 영향을 끼친다. 친구들에게 커다란 압박을 받는 시기이기 때문이다. 12~16살 동안 똑같은 친구와 계속 어울려 다닌다면 서로에게 긍정적인 영향을 끼칠 가능성이 크다. 아이들의 우정이 부모들에게까지 확장되면 더욱 그러하다.

아들이 12살에 좋은 친구를 만난다면 18살에도 여전히 좋은 친구로 남고, 나아가 남은 인생에서도 강력한 영향력을 끼칠 수 있다.

아들이 어울리는 친구가 마음에 들지 않는다 하더라도 아들의 친구에 대해 나쁜 말을 하지 않아야 한다. 대신 다른 친구들을 집으로 초대한다. 부모 마음에 들지 않는 아들의 친구 관계를 억지로 끊어버리려 하지 말고 다른 관계를 통해 바꾸도록 노력한다. 아들이 집단 따돌림이나 폭력을 당하고 있다면 반드시 다른 집단으로 옮겨줘야 한다. 물론 이 새로운 집단에는 예전 따돌림 사건에 대한 목격자들도 없어야 한다. 아들이 위로받을 수 있는 안전한 무리를 찾아주는 것이 부모의 몫이다.

아들에게 책임을 부여하라

부모의 해결책을 강요하기보다는 침묵한다. 침묵은 아들이 문제를 해결하게 만드는 훌륭한 방법이다. 문제를 즉시 해결하고 싶은 유혹을 물리친다. 조언을 하는 대신 아들이 느끼고 있는 감정에 공감하며 그에 대한 의견을 제시한다.

– 이안 릴리코에

자녀를 위해 어떤 종류의 결정을 얼마나 많이 내려주고 있는지 찬찬히 들여다본다. 그중 절반의 결정권을 10대 아들에게 되돌려준다.

- 포스터 클라인&짐 페이

'사랑과 논리로 양육하기'는 심리학자인 포스터 클라인과 교육자인 짐 페이가 개발한 전략이다. 이 전략은 가능하면 집안 환경을 바깥세상의 현실과 같게 만들어준다는 원칙을 바탕으로 하고 있다. 이렇게 하는 이유는 아이들이 가정의 품을 벗어나 바깥세상으로 나아갔을 때 돌아가는 상황을 제대로 파악할 수 있는 눈을 길러주기 위해서다. 가장 좋은 스승은 좋은 선택과 나쁜 선택을 했을 때 마주치게 되는 결과다.

 부모가 아들에게 줄 수 있는 가장 뛰어난 학습 경험은 중요한 책임을 떠맡기는 데에서부터 시작된다. 그러니 아들의 목숨이 위태로울 만큼 위험하지 않다면 아들 스스로 결정을 내리고 결과를 감당하게 한다. 이러한 학습을 아들이 10대일 때 시작하면 그 어느 때보다 적은 대가를 치르게 할 수 있다. 실수는 성장을 위한 좋은 기회다. 페이와 클라인은 나쁜 결정에서 오는 자연스러운 결과를 '중요한 학습 기회'라 부른다. 아들에게 따뜻한 칭찬의 말을 해줄 때보다 책임거리를 맡길 때 더 많은 자존감을 키워줄 수 있다.

아들과 헛된 힘겨루기를 하지 마라

부모는 스마트폰 사용, 귀가 시간 등과 같은 문제에 대해서 같은 입장에 서야 한다. 서로 다른 생각을 가진 문제에 대해서도 의견을 절충해 아들 앞에서는 같은 입장을 보여줘야 한다. 아무리 수학 감각이 떨어지는 아들이라 할지라도 2대 1은 불리한 게임이라는 것을 금방 인식한다.

협상하는 법을 배워라. 남자아이 양육에는 협상이 가장 효과적이다. 남자아이에게 주어지는 규칙과 그에 따른 상벌은 자신의 충분한 이해 아래 행해져야 한다. 일방적인 짐이 되어 괴로움을 주기만 해서는 안 된다. 아들에게는 "어때? 그게 공평한 것 같지 않니?"와 같은 말이 효과적이다. 단, 협상이 불가능한 것에 대해서는 끝까지 타협하지 않는다. 바꿀 수 없는 규칙을 확실히 해두고 조금도 양보하지 말아야 한다. 10대 남자아이들은 나약한 부모를 좋아하지 않는다. 아들에게 맞춰줌으로써 불필요한 싸움을 하지 않는다. 모든 싸움에서 승리할 필요는 없다. 아들과는 꼭 필요한 싸움만 하자.

아들의 성적 성숙함에 놀라지 마라

오늘은 인간성 말살이라는 중요한 단어에 대해 이야기

하겠다. 당신이 잘생긴 얼굴, 멋진 근육, 긴 다리 때문에 누군가와 사귄다면 그것은 인간성 말살 행위다. 오직 겉으로 보이는 것 때문에 누군가에게 관심을 보이는 행위는 그 사람을 매력적인 물체로 보고 있다는 것과 같기 때문이다. 즉, 상대방에게 외모만 있고 인간성은 없는 것처럼 취급하는 것이다. 기억하라. 좋은 관계는 두 물체가 아닌 두 사람 사이에서 이루어진다.
- 빌 오라일리, 《아이들을 위한 오라일리의 조언》

아들이 성인 남성으로 커가는 과정에서 걱정되는 일이 한두 가지가 아니다. 특히 아들이 성적인 요소에 노출되는 문제와 관련되면 더욱 그러하다. 사춘기에 접어든 아들은 성적으로 거의 성숙되어 있다. 혹은 곧 성숙할 것이다(어쨌든 아들이 성관계를 가질 수 있다는 생각은 부모에게 충격이다). 궁극적으로 성생활이 아들의 인생에서 고귀하고 아름다운 즐거움이 될 것인지 아니면 더럽고 추한 상처가 될 것인지는 아들 자신의 선택에 달려 있다. 그렇지만 부모가 아들의 성적인 발달 과정을 해로운 요소로부터 지켜주고, 그때그때 필요한 조언을 해주면 행복한 성생활을 누리는 성인으로 자랄 확률이 높아진다.

현재 아이들은 성과 관련된 규범에 대해 혼란스러운 메시지를 주고 노골적으로 성욕을 자극하려는 시대를 살고 있다. 이 시대의 문화는 아주 미묘한 방법으로 친밀한 인간관계나 건강한 성생활에 맞서려는 경향이 있다. 오늘날에는 사랑과 헌신에서 성을 떨어뜨려놓고 본다. 이러한 관점은 현대 문화에 그대로 반영되어 남자아이의 행동을 안내하던 전통적인 태도를 흔들고 있다. 어른들이 이렇게 상반된 두 입장에서 혼란스러운 메시지를 보내기 때문에 남자아이는 넘지 말아야 할 선을 어디에, 어떻게 둬야 할지 알려주는 강력한 가이드라인을 잃어버린다. 이 상황은 사실상 자유라기보다는 짐이다. 아무런 방패 없이 미디어, 인터넷 등의 성적인 공격에 맞서야 하기 때문이다. 그것도 성욕과 호르몬 활동이 가장 왕성할 때 말이다.

성관계에 대해서 나이 제한을 두는 것 이상으로 확실한 제한선을 정해야 할 많은 설득력 있는 이유가 있다. 아들은 미래에 대한 꿈을 가지고 이 이유를 확실히 깨닫고 있어야 한다. 오늘날 청소년들이 예전보다는 성이나 임신에 대한 정보를 더 많이 접하고 있기는 하지만, 성관계와 관련된 규칙이나 결과물에 대한 친절하고 자세한 설명은 거의 듣고 있지 못하다.

10대 청소년들을 일차원적인 단순한 존재로 여기고 그들이 오직 한 가지, 성에만 관심을 가진다는 오해를 하기도 한다. 하지만 많은 청소년들이 인간적인 친밀함이 있는 좋은 관계를 소중하게 여긴다. 10대 아이들은 성에만 관심 있는 존재로 취급받을 때 매우 불쾌하다고 고백하기도 했다. 10대 남자아이들은 '내가 사랑할 수 있을까? 그리고 사랑받을 수 있을까?'와 같은 주제에 대해 여자아이들만큼이나 진지한 반응을 보인다. 남자아이들도 한 인간으로서 늘 자신의 존재 가치와 앞으로 맺어가기를 원하는 인간관계에 대한 진지한 질문을 던지는 것이다.

부모로서 성과 관련된 주제에 관심을 둘 필요가 있다. 최근 영국의 한 조사 기관의 발표에 따르면, 신실한 결혼 생활을 유지하는 사람들이 더 행복하고 성공적이며 부유한 삶을 산다고 한다. 부모는 아들이 풍요로운 미래를 맞이할 수 있도록 친밀하고 깊은 인간관계를 맺는 일을 도와줘야 한다.

중요한 것은 아들이 미디어, 대중문화, 결핍된 자존감, 충동이나 잘못된 부추김에 넘어간 선택을 하지 않도록 하는 것이다. 또, 한 사람의 이성과 몇십 년 동안 지속될 관계를 맺기 전에 이성과 즐기고 싶은 우정의 수준을 생각해보게 해야 한다. 이를 바탕으로 성에 대한 기준선을 정하고 행동하면 안전한 수준에서 여자친구들과 우정을 즐기며 상대를 알아갈 수 있다. 이러한 창조적인 관계는 그 관계가 끝날지라도 성이 연관된 경우보다 훨씬 적은 문제를 일으킨다.

미국에서 청소년 임신 방지를 위한 대대적인 캠페인이 있었다. 이때 1000명의 청소년(12~19세)들을 대상으로 여론 조사를 했는데, 10명 중 9명은 부모와 나누는 솔직하고 개방적인 대화가 성관계를 적절한 시기까지 미루는 데에 도움이 될 것이라고 대답했다.

아들 잘 키우는 tip

아들이 여성을 대하는 태도를 형성하는 데 가장 중요한 영향을 끼치는 요소는 2가지다. 첫 번째는 엄마를 대하는 아빠의 태도이고, 두 번째는 엄마의 스스로에 대한 자존감이다.

'성은 부엌에서 시작된다.'라는 말이 있다. 이는 성이 육체적인 행위 그 이상이라는 의미를 담고 있다. 즉, 성에는 가족들이 함께 모여 먹고 이야기 나누는 부엌에서처럼 인간관계의 다차원적인 면이 모두 담겨 있다고 보는 것이다. 다른 사람과 잘 지내는 법, 사랑을 행동으로 표현하는 법, 의사소통하는 법, 예의를 지키는 법, 사랑의 궁극적인 표현으로 성을 사려 깊게 바라보는 법이 모두 관련되어 있다. 가장 좋은 방법은 부모가 일상생활 속에서 친절함, 사랑, 자기희생, 배려를 보여주는 모델이 되는 것이다.

10대 남자아이들에게는 좋은 롤모델만큼이나 좋은 정보가 필요하다. 아들에게 사랑이 다양한 많은 요소로 이루어져 있다는 것을 알려줘야 한다. 사랑에는 우정, 신뢰, 육체적인 표현 등이 인간 사이의 진정한 친밀함과 함께 어우러져 있다.

아들의 성을 존중하라

다른 사람이나 스스로에 대한 존중은 좋은 성적 관계를 맺는 데 꼭 필요한 밑거름이자 가장 중요한 태도다. 남자아이들에게는 스스로나 다른 사람을 대할 때 이와 같은 태도를 가지도록 명확하게 요구하며 가르칠 필요가 있다. 남자아이들에게는 다른 사람에 대한 존경심을 보여주는 공손한 말투와 좋은 예절을 가르쳐야 한다.

남자아이들은 성을 상품화하여 파는 것에 휘둘리기 쉽다. 그것을 막으려면 아들이 즐기는 대화와 유머, 혹은 대중문화를 감시해야 한다. 필요한 경우에는 "안 돼. 소중하고 특별한 주제에 대해 그렇게 말해서 되겠니?", "넌 정말 뛰어난 유머 감각을 갖고 있잖아. 그런 추잡한 농담을 하지 않아도 얼마든지 재미있게 이야기할 수 있을 텐데…"라고 말하며 제지한다.

어른들의 역할은 남자아이들이 어리석은 자신감을 버리고 현실을 직시하도록 도와주는 것이다. 아들의 몸 안에서 작용하는 테스토스테론의 엄청난 역할을 이해해야 한다. 잊지 말아야 할 사실은 아들에게는 신뢰를 쌓으며 관계를 맺고 깊이 사랑할 능력이 있다는 것이다.

엄마가 나서서 아들에게 성에 대한 정보를 줘라

청소년들은 학교에서 성에 대한 정보를 얻는다. 하지만 이러한 정보는 TV에서 쏟아져나오거나 학교에 떠도는 잘못된 정보의 홍수로부터 아이들을 지켜줄 만큼 충분하지 않다. 아들에게 '성에 대해 하고 싶은 이야기라면 무엇이든 괜찮다.'라는 메시지를 주자.

엄마는 아들에게 성에 대한 정보를 주는 데 큰 역할을 할 수 있다. 아들을 존중하는 마음과 엄마로서의 자존감, 본능만 있다면 누구든 좋은 안내자가 될 수 있다. 필요할 경우에는 친구나 친척의 가정에서 서로 존중하는 관계와 대화법의 본보기를 발견할 수 있다. 더 나아가 아들이 다른 가족의 행사에 초대받아 현장 체험을 할 수도 있다. 이 모든 가능성이 차단된 환경에서는 오로지 엄마 혼자서 아들과 마주하며 필요한 정보를 주어야 한다.

성과 관련된 대화를 꺼리지 마라

오늘날 많은 글에서 자위는 10대 남자아이들과 성인 남자들 사이의 보편적이고 흔한 현상으로 묘사되고 있다. 하지만 청소년들이 미래에 건강한 관계를 맺는 성인으로 발달하는 과정

전반을 생각하면 고려해볼만한 이슈가 있다. 10대 청소년들에게 자위는 도덕성과 관련된 문제라기보다는 생물학적으로 발생한 긴급 상황에 가깝다. 하지만 문제는 이것이 나중에 관계에 영향을 끼칠 수 있다는 데에 있다. 자위를 통해 쉽게 황홀감을 느끼는 것에 익숙해지다 보면 진정한 친밀감을 느끼며 성관계를 맺기 위해 에너지를 쏟으려 하지 않을 수 있기 때문이다.

자위가 습관화되어 포르노물이나 비정상적인 성적 환상으로 이어지는 경우 중대한 문제가 발생한다. 청소년들은 성과 관련된 행동뿐만 아니라 생각에도 한계를 정하는 법을 배워야 한다. 사회 통념에 어긋나는 성적인 상상을 한다 해서 실제로 그 행동을 저지르는 것은 아니다. 하지만 잘못된 행동을 저지르기 전에 관련된 상상을 하는 것도 사실이다. 생각은 행동의 씨앗이다. 청소년들은 처음 성에 눈뜨는 단계에서부터 생각에 한계를 두는 법을 배워야 한다. 게다가 자위를 통해서 만족을 얻는 습관은 이기적인 성관계의 전 단계다. 이기적인 성관계의 목표는 오로지 자기만족에 있다. 성숙한 사랑은 시선이 외부를 향하고 상대방 중심으로 깊이를 더해간다. 하지만 이기적인 사랑은 늘 '나'를 중심으로 흘러가고 오로지 자신의 욕구를 만족시키는 일에만 관심이 있다.

10대 남자아이들에게 할 수 있는 가장 좋은 충고는 자위를 하더라도 너무 자주 하지 말라는 것이다. 자위는 호르몬에 따른 성 충동이 가장 왕성한 단계에서 하는 미성숙하고 불안정한 행동으로 바라봐야 한다.

몽정에 대해서도 이야기를 나눈다. 모든 소년이 몽정을 하는 것은 아니고 몽정을 하더라도 13~14살이 되어 사춘기에 접어든 이후부터 시작된다. 어쨌든 이 현상에 대해 꼭 해줘야 할 말은 '흔히 있는 일'이라는 것이다. 몽정을 동반하는 꿈은 상쾌하지만 가끔은 충격적으로 느껴질 수 있다. 따라서 아들에게 확실히 알려주자. 몽정을 동반하든, 동반하지 않든 꿈은 두뇌 활동의 일부이므로 심각한 의미를 띠지 않는다는 것을 말이다.

아들에게 위생 관념을 심어줘라

10대 남자아이들은 여자아이들만큼 몸을 꾸미는 데 관심을 보이지 않는다. 하지만 남자아이들에게도 변화는 일어난다. 마치 구석기인처럼 비누나 물을 거의 쓰지 않는 아이가 있는가 하면, 화장품이나 머리 손질에 지나친 관심과 집착을 보이는 아이도 있다.

아들의 위생 문제에 대한 부모의 관심과 조언이 필요하다. 언제, 얼마나 자주 씻어야 할지를 가르치고 지나치면 말려야 한다. 예를 들어, 애프터 셰이브 로션을 바르는 것은 좋지만 얼굴에 쏟아부을 필요는 없다. 또, 매일 셔츠를 갈아입는 것은 좋지만 하루에 세 번까지 갈아입을 필요는 없다. 화장품이 위생 관리를 대신할 수 없다는 것 또한 알려줘야 한다.

아들 잘 키우는 tip

사춘기 아들이 유리처럼 부서지기 쉬운 자아를 발달시키고 있을 때에는 특별히 외모 변화에 대해서 긍정적인 평가를 해주는 게 좋다.
"헤어스타일 너무 멋진데."
"어디 보자. 우리 아들 오늘 보니 정말 잘생겼구나."
"흠… 향기 좋다. 이거 네 로션 냄새니?"

아들의 여자친구를 받아들여라

일부 남자아이들에게는 10대 후반에 이를 때까지 데이트가 별로 심각한 문제가 되지 않을 수 있다. 하지만 요즘은 대중문화와 미디어의 영향으로 이제 막 10대로 접어든 남자아이들도 데이트에 대해 고민하기 시작한다. 중학생만 되어도 '누가 누구랑 데이트하는가?'가 주요 화제로 떠오른다. 누구나 인정하듯이 어린 나이의 데이트 주도권은 남자아이보다는 여자아이에게 있다. 남자아이는 데이트의 주체가 아니라 객체로 머물기 쉽다. 여자아이는 로맨스에 공격적으로 뛰어들고 남자아이에게 훨씬 더 적극적으로 다가간다. 여자아이는 관심 있는 남자아이에게 거침없이 문자를 보내고 전화를 건다.

　대부분의 10대들은 데이트를 한다 해도 함부로 아무 곳이나 돌아다니지 않는다. 이 아이들에게 데이트는 집까지 함께 걸어가는 것이나 교실에서 옆에 붙어 앉는 것을 의미할 수 있고, 아무것도 하지 않고 그냥 함께 있는 것을 의미할 수도 있다. 그러나 몇몇 10대들에게 데이트는 심각한 문제로 번지기도 한다.

　부모들은 10대인 아들이 데이트하러 나가면 10대인 딸이 데이트하러 갔을 때보다 걱정을 덜 한다. 하지만 남자아이들도 지켜야 할 규범, 책임져야 할 범위, 올바른 데이트 방법 같은 내용을 익혀둘 필요가 있다. 부모인 이상 자녀에게 의무적으로 해줘야 할 것이 무엇인지 항상 자각해야 한다. 부모는 자녀들이 최상의 미래를 맞이할 수 있도록 도와야 한다. 예를 들어, 아들이 10대에 아버지가 되거나, 여자 친구를 낙태시키거나, 여자친구의 화난 부모와 마주하게 만들고 싶지는 않을 것이다. 물론 아들이 어린 나이에 성병에 감염되는 일도 일어나기를 바라지 않을 것이다. 아들이 책임감을 느끼고 콘돔을 사용했다 하더라도 경험이 없는 사람은 치명적인 실수를 하기 마련이다.

가장 좋은 것은 아들에게 미래에 대한 꿈을 심어주고, 스스로 우정에서 넘지 말아야 할 경계를 정하는 것이다. 자신의 성생활에 대해 미리 경계를 정하고 절제하는 남자아이는 우정의 다차원적인 면을 경험할 수 있다. 그리고 우정과 데이트에 대해서도 창조적인 경험을 쌓아간다. 많은 여자아이들과 안전한 우정을 쌓다 보면 그만큼 사람을 보는 눈이 생기고, 자신에게 더욱 적합한 여성을 삶의 동반자로서 고르는 능력이 생긴다.

10대들은 집에 돌아오는 시간이나 자신들이 갈 수 있는 장소에 대해 명확한 한계를 정해야 한다. 특히 10대 후반의 아들을 바른길로 인도해주는 것은 스스로 정한 기준과 가치다. 아들에게 자신과 여성들을 존중하되 특히 데이트 상대인 여자친구를 존중할 수 있도록 격려하자.

10대들의 이성 교제는 1년 이상 지속되기 어렵다. 90%는 그 사이에 관계가 깨지고 만다. 이로 인한 고통은 남자아이들을 심각할 정도로 우울하게 만든다(많은 소년들이 깨진 이성 관계에서 아주 부정적인 영향을 받을 수 있다). 따라서 아들이 여자친구와 헤어졌다고 하면 이를 심각하게 받아들이고 아들을 위로해주도록 한다.

특히 성과 관련된 영역에서 엄마가 주는 조언과 안심은 중요하다. 엄마는 아들에게 삶의 부드러운 면에 대해 알려주고 본보기가 될 수 있다. 그리고 인간관계와 관련된 문제에 대해 가르침을 줄 수 있다. 스티브 비덜프는 저서 《아들 기르기(Raising Boys)》에서 엄마의 역할에 대해 다음과 같이 말했다.

"엄마는 아들의 남성성을 반겨주고 축복하면서 남자에 대한 긍정적이고 확고한 생각을 가지도록 만들어줄 필요가 있다."

아들을 음란 사이트로부터 지켜라

부모들은 요즘의 음란물이 여자 나체 사진이 실린 잡지 수위가 아니라는 것을 깨달아야 한다. 부모 세대의 음란물이 레모네이드에 맥주를 약간 섞은 음료라면, 아이 세대의 음란물은 독한 위스키다. 신경을 자극하다 못해 이성을 잃고 나가떨어지게 할 정도로 독하다.

대부분의 10대들은 인터넷을 통해서 처음 음란물을 접한다. 현재 인터넷에 올려진 그래픽 이미지의 65%가 음란물인 것으로 추정된다. 매일 300개의 새로운 포르노 사이트가 개설되고 있다. 정상적인 검색을 하는데 의도하지 않은 포르노 사이트가 갑자기 나타나기도 한다. 적절한 필터 프로그램으로 이러한 사이트에 아예 접근할 수 없도록 해야 한다. 덧붙여 이것과는 별개로 해야 할 일이 있다. 갑자기 접하게 될 수 있는 음란물로부터 아들 스스로 재빨리 빠져나오도록 가르쳐야 한다. 그리고 "난 다시는 이러한 것에 접근하지 않을 거야. 미래에 결코 좋은 영향을 끼치지 않을 테니까."라고 자신에게 다짐하도록 가르친다. 대부분의 훌륭한 기준은 사랑과 존중의 원칙에서 나온다. 이 기준에서 음란물은 인간의 존엄성을 짓밟는 표현으로 가득하다. 여성을 비하하고, 남성에게서 판단력을 빼앗아가는 대신 여자를 바라보는 일차원적인 시각을 심어준다. 포르노를 통해 성에 대한 왜곡된 환상을 품게 되면 현실에서 만족스러운 관계를 맺기 어려워진다.

 아들 방이나 컴퓨터에서 음란물을 발견했다면 용납하지 않는다는 것을 기분 나쁘지 않게 표현할 줄 알아야 한다. 부모 자신이 사춘기 때 경험했던 성욕이나 유혹을 솔직하게 들려주는 것도 좋은 방법이다. 그렇게 되면 부모가 약해 보일 수도 있지만 오히려 솔직함 때문에 아들이 마음의 문을 열고 부모의 말에 귀를 기울일 것이다. 부모의 이야기가 아들의 동정심을 자극한다면 아들은 부모에게 실망하는 게 아니라 부모의 말에 귀를 기울일 가능성이 더 크다.

 아들에게 좋은 것을 기대하자. 아들이 좋은 사람들과 좋은 관계를 맺을 것이라 꿈꾸고, 아들 스스로도 그러한 미래를 그려보도록 격려한다. 사랑과 성적인 욕망의 차이에 대해 이야기를 나누고, 아들이 자존감과 미래에 대한 꿈을 지키도록 돕는다.

심리학자들은 감성 지능을 다음과 같이 정의한다.
○ 다른 사람들과 소통하는 능력
○ 다른 사람에게 공감하는 능력
○ 업무가 끝날 때까지 만족을 늦추는 능력

훌륭한 감성 지능을 지닌 아들은 미래에 부모가 자랑스러워할만한 사람으로 자랄 것이다.

아들의 회복 능력을 키워줘라

〈하버드 비즈니스 리뷰(Harvard Business Review)〉에 실린 글에 따르면, 한 사람이 성공하느냐, 실패하느냐를 가르는 것은 교육, 경험, 훈련, 회복 능력이 얼마나 풍부한지에 달려 있다고 한다. 여기서 회복 능력은 다음 3가지 사항을 기본으로 한다.

○ 현실을 바탕으로 한 희망
○ 인생의 의미
○ 혁신적인 생존

아들이 혼잣말을 할 때 긍정적인 표현을 할 수 있도록 농담을 섞어 가르쳐준다. 예를 들어, 다음과 같은 도움을 준다.

10대 아들의 혼잣말 | 영원히 그렇겠지.
▷ 아빠: 아니. 지금만 그래. 모든 건 변할 수 있어.
10대 아들의 혼잣말 | 그건 내가 하는 모든 것에 영향을 끼칠 거야.
▷ 아빠: 그건 몇 가지 영향을 끼칠 수는 있어. 하지만 모든 것은 아니야.
10대 아들의 혼잣말 | 고통은 나쁜 거야. 나는 그것에 맞설 수 없어.
▷ 아빠: 고통이 좋은 건 아니지만 넌 그것에 맞서 이길 수 있어.

아들 잘 키우는 tip
아들의 회복 능력을 키워주는 5가지 방법

☆ 남자아이들은 카리스마 있는 어른이 이끌어주는 것을 좋아한다. 아이를 존중하고 아이의 말에 귀 기울여주기 때문에 안정감을 느끼는 것이다. 특히 자신의 힘을 끌어내줄 지도

자를 필요로 한다.

☆ 분노 조절력, 의사 결정력, 문제 해결력, 다른 사람에 대한 공감 능력과 같은 감정적이고 사회적인 능력을 끌어올려 준다.

☆ 가족이 하나로 단합되면 남자아이는 삶의 의미, 삶의 목적, 가족에 대한 소속감에 대해 깨달을 수 있다.

☆ 자기 자신과 항상 긍정적으로 대화하도록 가르친다. 긍정적인 자기 대화는 낙관적인 성격을 낳는다.

☆ 아들의 삶에서 능력을 발휘할 수 있는 영역을 개발하게 한다. 독립된 섬과 같은 이 영역에서 안정감을 느끼고 다른 어른들에게 칭찬받게 한다.

아들에게 옳은 결정을 하는 법을 알려줘라

남자는 어떻게 결정을 내릴까? 남자아이들에게 결정을 내릴 때에는 3가지 경우가 있다는 것을 알려준다. 첫 번째, 머리로 하는 이성적인 결정, 두 번째, 마음으로 하는 남자다운 결정, 세 번째, 몸으로 하는 즉흥적인 결정이다.

긴 인류 역사에서 사람들은 남자들의 마음에서 우러나는 결정이 필요하다는 것을 알고 있었다. C. S. 루이스는 《마음이 없는 남자들(Men without Chests)》이라는 에세이에서 현대인들을 강력히 비판했다. 그가 지적한 문제는 특히 현대 남성들이 식욕, 성욕, 생존 욕구와 같은 기본적인 욕망이나 이성적으로 계산된 욕구에만 충실하다는 것이었다.

하버드 경영 대학원의 졸업을 앞둔 학생들을 대상으로 다음과 같은 설문 조사를 했다.

'만일 당신이 기업 범죄를 저지른다면 평생 놀고먹을 수 있는 큰돈을 벌 수 있다. 게다가 이 범죄는 절대로 걸릴 위험이 없다. 당신은 어떻게 할 것인가?'

학생들 중 95%는 범죄를 저지르겠다고 대답했다. 학교 당국은 경악했고 곧바로 정규 수업 과정에 윤리학을 도입했다. 학생들은 마음에서 우러난 양심의 소리를 무시하고 머리로 계산한 욕망을 따랐다.

인생에서 중요한 결단을 용감하게 내릴 수 있게 하는 것은 '내가 무엇을 믿어야 할까? 내가 무엇에 가치를 둬야 할까? 내가 어디에 충성을 바쳐야 할까? 내 의무는 무엇일까? 어떻게 규율을 지켜가야 할까?'와 같은 고귀한 마음이다. 부모는 아들에게 위대한 사람이 되고자 하는 열망을 불어넣어줘야 한다. 또, 규율을 이해하고 언제, 어떻게, 왜 다른 사람을 위해 희생해야 하는지를 알려는 열정을 갖게 해야 한다.

아들 잘 키우는 tip

아들에게 "너는 인생이란 한 권의 책을 쓰는 작가야. 산다는 것은 자신의 인생 이야기를 써나가는 거니까."라고 말해준다. 현재 조잡하고 추한 이야기를 써나가고 있다는 생각이 든다면 아마도 자신을 둘러싼 모든 일이 잘 풀리지 않기 때문일 것이다. 아들이 이러한 상황에 놓여 있다면 지나간 실수는 인정하고 극복하고 해결해 나가면 된다고 알려준다.

인생은 우연히 생겨난 책이 아니다. 누구나 자신의 인생 이야기를 창조하는 작가가 될 수 있다.

10대 아들 사랑하기

아기를 사랑하는 것은 쉽다. 설령 등 뒤에서 옷에 토한다 해도 아기들은 본질적으로 사랑스럽다. 하지만 이 아기들이 자라 10대가 되고 사춘기를 맞는다. 부모에게 사춘기 아들을 사랑하는 것은 결코 쉬운 일이 아니다.

사춘기 아들은 인생에서 부모의 사랑을 받기 어려운 단계를 지나고 있다. 하지만 미국 청소년 아동 심리학회에 따르면, 이 시기 아이들에게 해줄 수 있는 부모의 가장 중요한 역할은 사랑을 주는 것이다. 왜냐하면 대부분 아이들은 부모가 자신을 대하는 방식에 따라 자기 자신에 대해 느끼는 감정이 달라지기 때문이다. 그리고 자신에 대해 어떻게 느끼는지에 따라 아이들이 내리는 결정이나 행동도 크게 달라진다. 이 결정 중 몇몇은 일생 동안 영향을 끼칠 결과를 낳는다. 일, 공부, 성생활, 술에 대한 태도가 크게 달라지는 것이다.

부모가 보여주는 사랑에 대해 아들은 아무런 반응을 보이지 않을 수 있다. 부모가 변함없는 사랑, 존경, 충성, 애정을 원한다면 강아지를 기르는 편이 낫다. 아들이 10대일 동안은 이러한 것을 거의 기대하지 않아야 하기 때문이다. 하지만 반응이 없더라도 깊은 사랑을 지속적으로 보여줘야 한다. 인내심을 갖고 기다리자. 아들과 평생 이어질 좋은 관계와 스트레스가 줄어 더욱 행복해진 가정이 보답으로 돌아올 것이다.

10대 아들과 소통하는 것을 막는 데 부모의 분노만큼 큰 역할을 하는 것도 없다. 부모가 지나치게 감정적으로 대응할수록 아들의 존경심은 사라져간다. 부모가 먼저 자신의 감정을 통제할 수 없으면서 어떻게 아들에게 감정 통제를 기대할 수 있겠는가.

아이가 자라면서 받는 애정이 담긴 신체 접촉의 양을 그래프로 나타낸다면 어떻게 될까? 아기였을 때에는 껴안기나 뽀뽀 같은 신체 접촉의 양이 그래프의 최고점을 찍는다. 이는 유치원 기간으로 접어들면서 뚝 떨어지고 초등학교에 입학하면서부터는 바닥을 향해 곤두박질할 것이다. 특히 남자아이일 경우에는 더욱 그러하다. 사춘기가 시작되면서부터는 아예 바닥으로 추락할 수 있다. 많은 10대들은 애정이 담긴 신체 접촉을 제대로 받지 못하고 지낸다. 이러한 이유로 10대들은 따뜻한 신체 접촉을 갈망하게 되고 어린 나이에 부적절한 성관계를 가져 그 갈망을 채우려 한다.

최근에 아들을 안아준 적이 없다면 한 번쯤 시도해보는 것이 어떨까? 아들이 냉담한 반응을 보이면 아직 사춘기 단계가 끝나지 않은 것이다. 그럴 때에는 차라리 등을 긁어주거나 어깨 마사지를 해준다. 아니면 가볍게 머리를 헝클거나 어깨에 손을 올리는 것도 좋다.

실천하기
10대 아들을 둔 부모를 위한 양육 비결

☆ 아들 친구들을 집으로 초대해 좋아하는 음식을 차려주고 놀게 한다.

☆ 은행에 아들의 계좌를 만든다. 스스로 용돈을 관리하면서 옷이나 필요한 것을 사게 한다. 아들은 책임감, 자기 조절

능력, 돈의 가치를 배워갈 것이다.
- ☆ 아들의 장점을 아낌없이 칭찬하는 말을 들려준다.
- ☆ 아들이 좋아하는 음악을 함께 들으며 음악에 대해 이야기 나눈다. 아들과 유대 관계가 회복될 정도로 충분히 이야기를 나눈 다음 부모가 좋아하는 음악을 추천한다.
- ☆ 배우자를 항상 사랑한다. 10대들은 집 안에 흐르는 감정적인 분위기에 반응한다. 부모 사이에 긴장감이 흐르거나 언쟁이 벌어지면 아이들은 성숙하지 못한 방법으로 반응한다. 사이 나쁜 부모를 벌하기 위해 집에 들어오지 않고 바깥에서 배회할 수도 있다. 부모 사이가 안정되어 있으면 10대 자녀의 마음도 안정된다.

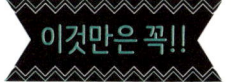

10대 아들에게 필요한 것은…

- 신뢰와 책임감을 보여줄 수 있는 기회
- 신체적인 혹은 지적인 도전에 맞설 수 있는 기회
- 아드레날린을 마구 샘솟게 하는 도전
- 긍정적인 동료 무리
- 자신의 자질을 믿어주는 부모가 보여주는 존중
- 긍정적인 분위기, 적절한 규율, 멋진 의사소통
- 선택에 따른 결과를 정확히 아는 부모
- 실수를 하고 그것을 통해 배우는 기회
- 이성 교제에서 자신과 상대방을 존중하는 태도와 미래의 관계에 대한 명확한 목표
- 자기 회복 능력을 키워주는 강력한 믿음
- 성인 남성이 되는 여정이 가능하도록 도와주는 부모

부모가 매일 밤 아이 머리맡에 앉아 하루를 돌아보며 가르침을 주면 심리 치료가의 역할 중 90%는 필요 없어진다.

데이비드 리델, 심리 치료사

09
CHAPTER
아들에게 자신감을 길러줘라

대부분의 아이들은 일상에서 일어나는 일을 잘 관찰하지만 해석하지는 못한다. 아이들에게는 현실을 잘 해석해줄 다정한 부모가 필요하다. 따라서 부모는 매일 밤 아이 머리맡에 앉아 그날 하루 동안 있었던 일에 대해 이야기를 나눌 필요가 있다. 아이가 호주머니를 뒤집어 털어놓듯이 마음에 담아뒀던 일을 다 이야기하도록 하고 기꺼이 들어줘야 한다. 이 시간은 부모가 아들의 세계로 들어갈 수 있는 좋은 기회다. 아들의 생활을 함께 되돌아보며 즐기고 필요한 경우에는 어른의 시각으로 다시 해석해줘야 한다.

하루 일과를 돌아보는 머리맡 대화에서 아들에게 '어른의 시각'이라는 선물을 주자. 부모가 주는 어른의 시각에는 사랑이 담겨 있다. 또, 긍정적이고 문제 해결을 주도하는 입장에서 상황을 바라보는 소중한 태도가 있다. 머리맡 대화는 낮 동안 아들이 다른 사람과 나눴던 상호 작용에 대해 바른 시각을 갖게 해줄 좋은 시간이다. 더불어 아들에게 다른 사람을 대하는 기술과 우정을 맺는 법을 가르쳐줄 수도 있다. 아들이 하루의 경험에 대해 이야기하고 해석하는 것을 전폭적으로 지지하고 아들에게 부모의 통찰력과 지혜를 빌려주자.

대부분의 아이들은 고통스러운 경험을 하면 현실에 대해 부정적이고 잘못된 시각을 가지기 쉽다. 그리고 이 시각은 아들의 남은 인생 내내 영향을 끼친다. 아들이 고통스러운 일을 겪은 후 자존감이나 자신감을 잃어버리면 남은 인생은 불안, 분노, 스트레스로 가득 차게 된다.

어린 시절 겪는 수많은 경험은 주변의 어른들이 적절히 대처해주지 않으면 미래의 고통으로 연결될 가능성이 크다. 한밤중의 소음, 학교에서 겪은 집단 따돌림 혹은 어른 눈에는 사소해 보이는 일(학교에 갈 차비가 없는 것)도 다음과 같은 부정적인 생각에 사로잡히게 만드는 원인이 된다.

'세상은 위험한 곳이야.'

'내가 실수를 하거나 누군가를 거절한다면 끔찍한 일이 생길 거야.'

'내가 이것을 성취하지 못하면 포기당하거나 거부당할 거야.'

인생에서 사랑으로 이끌어주는 어른이 곁에 없으면 누구나 스스로 생각해낸 현실에 사로잡히는 경향이 있다. 그리고 남은 인생 동안 분노나 우울함을 이용해 그 현실을 보호하려 들지 모른다. 인생을 즐기며 살고 싶다면 어려운 시간을 견뎌내고, 즐겁고 기쁜 시간을 축하하며, 누리는 방법을 배울 필요가 있다. 낮에 아들에게 힘든 일이 있었다면 그 일로 인한 부정적인 영향이 아들의 마음에 남지 않도록 의미를 해석해줘야 한다. 아들이 실수를 했거나 잘못을 저질렀다면 불필요한 죄책감이나 자기 비하에 사로잡히지 않도록 함께 해결책을 의논한다. 또한 아들에게 문제 해결에 필요한 새로운 기술을 알려주고 새로운 통찰력을 주자.

> 아들에게 자신을 누르고 있는 환상에서 벗어나 마주할 수 있는 현실로 걸어 들어가도록 가르쳐라.
> - 데이비드 리델,《살아 있는 지혜》

아들이 상황을 좀 더 현실적으로 이해하고 그것과 마주할 수 있는 사고력과 능력을 갖추는 데 필요한 것은 바로 사랑이 담긴 부모의 가르침이다. 아들이 현실을 제멋대로 해석하려 하기 전에 주변 어른이 먼저 아들에게 올바른 해석을 내려줘야 한다. 이 역할은 주로 부모가 한다.

아들이 실수에 좌절하고 있다면 부모는 '지금 저지른 실수는 치명적이지 않다.'라는 메시지를 전달해야 한다. 더불어서 다음과 같이 말해준다.

"그저 다시 해봐야 되는 것일 뿐이야. 단, 새로운 방법이나 기술이 필요할지도 몰라."

"우리의 본래 자질이나 가치는 다른 사람이 뭐라 하든

달라지지 않아."

가족들이 저녁 식탁에 둘러앉아 편안하게 서로의 이야기를 듣다 보면 부모는 어른으로서 아들의 관점을 바로잡아줄 수 있다. 아들이 자신이 마주한 상황의 진실을 이해하고, 그것을 늘 스스로에게 혼잣말로 이야기할 수 있도록 가르칠 수도 있다. 이를 위한 가장 좋은 방법은 아들이 현실을 대범하게 웃어넘기도록 도와주는 것이다. 아들이 다른 사람의 조롱을 여유 있게 받아넘겨 오히려 새로운 농담을 할 수 있는 유머 감각을 가지게 하자.

아들이 상처받지 않게 하라

아들이 밖에서 놀림을 당하고 왔다면 이를 뛰어넘는 법을 가르쳐준다. 조롱과 비난에 동의하면서도 그것을 유머로 뒤틀어 응대하면서 웃어넘기는 법이다. 이는 상대방의 의도와는 달리 자신이 조롱에 상처받지 않았다는 것을 보여주는 좋은 방법이다. 아들에게 다음과 같은 식으로 대응하도록 가르쳐보자.

놀리는 말 | 야, 너 할머니한테 축구 배웠니?
▷ 나: 그래. 사실 나 할머니한테 축구 배웠다. 우리 할머니 92살인데 나이에 비해 몸이 정말 빨라.

놀리는 말 | 우리 반에서 네 코가 제일 커.
▷ 나: 나도 알아. 내 코 정도면 아마 기네스북에도 오를 수 있을걸.

부모가 아이 머리맡에서 하루 일과를 되돌아보며 중요한 사건의 의미를 설명하는 시간은 소중하다. 이 시간을 통해 아들의 남은 인생에 지속적으로 영향을 끼칠 수 있는 잘못된 믿음이나 태도가 생기지 않도록 막을 수 있다.

아이가 잘못된 믿음을 가지고 잠이 들면
잘못된 결론을 내리며 잠에서 깰 것이다.
아이가 잘못된 결론을 지닌 채 잠이 들면
잘못된 기분으로 잠에서 깰 것이다.
아이가 잘못된 기분으로 잠이 들면
잘못된 태도로 잠에서 깰 것이다.
아이가 잘못된 태도를 지닌 채 잠이 들면
잘못된 성격을 가지고 잠에서 깰 것이다.
아이가 잘못된 성격을 지닌 채 잠이 들면
잘못된 운명 속에서 잠이 깰 것이다.

부모들은 누구나 아들에게 '진실-코치'가 될 수 있다.

좌절하거나 실망하고 있는 아들에게 이렇게 말해주자.

"한 번의 실패가 영원한 실패를 의미하는 것은 아니란다."

"지금 못한다고 해서 영원히 못한다는 의미는 아니란다."

부모는 아들이 겪는 문제를 탐구할 때 힘을 주는 질문을 던져야 한다.

"그게 얼마나 힘든지 아빠도 잘 알아. 정말 창피하고 기분 나빴을 거야. 하지만 네 기분이 진실을 가리고 있는 것은 아닐까? 친구들이 네게 우스운 별명을 붙여준 것은 사실 그렇게 심각한 일은 아니야. 그냥 좀 껄끄럽고 불편한 일이지. 인생이 인기 테스트 대회는 아니잖니? 친구들한테 멋지게 보이기 위해 사는 것은 더더욱 아니고. 엄마와 아빠가 보기에 넌 그 누구보다 멋진 아들이야. 우린 너를 아기 때부터 지켜봤으니까 누구보다 더 잘 알아."

하나의 진실이 어떻게 아들에게 폭발적인 확신을 주는가를 지켜보는 것은 매우 놀랍다. 아들의 뇌는 구조적으로 중요한 정보를 빨리 흡수하고 반응하도록 되어 있다. 아들은 다른 사람이 다그치는 것을 좋아하지 않는다. 하지만 적절한 순간에 재빨리 던져준 중요한 정보에서 일생 동안 가지고 갈 깨달음을 얻기도 한다. 아들을 나쁜 무리나 습관으로부터 끌어내는 것이 전적으로 아들을 보호하는 방법은 아니다. 차라리 통찰력과 힘을 주는 말을 하고 그것에 귀 기울이게 하는 것이 더 큰 영향을 끼칠 수 있다. 아들을 안전하게 지켜주는 것은 무엇보다 진실이기 때문이다. 아들이 안 좋은 친구들과 어울리거나 나쁜 습관에 빠져 헤어나오지 못할 때가 있다. 현명한 부모라면 아들에게 현재와는 다른 환경이나 휴식이 필요하다는 것을 알고 단호한 결단을 내릴 것이다.

아들 잘 키우는 tip
아들에게 선택의 힘을 가르쳐라

아들이 일생 동안 어떤 일을 할 때 영향을 끼치는 3가지 요소는 타고난 유전자, 환경, 선택이다. 아들이 유전자에 대해 할 수 있는 일은 거의 없다. 아들은 아빠의 코를 닮았거나 엄마의 눈을 닮았을 것이다. 또, 더 나이 들 때까지 아들이 환경에 대해 할 수 있는 일도 거의 없다. 하지만 좋은 선택을 하는 법만은 일찍부터 배울 수 있다. 인생에서 성공은 우리에게 발생한 일 10%와 그것에 대한 대응 90%로 결정된다.

어떤 상황에서도 아들을 지지하라

안정된 자존감을 지닌 아들은 잘못을 바로잡아주는 가르침에 긍정적으로 반응한다. 부모는 아들을 지지하고 가치 있는 존재라는 믿음을 줄 수 있는 특권을 지니고 있다. 또, 아들에게 삶이 던지는 문제를 해결할 자원과 지략이 있다는 확신을 줄 수도 있다.

《가능성 있는 아이로 키우기》의 저자 티모시 스튜어트 박사는 역경을 이겨낸 많은 아이들에게 멘토의 도움이 얼마나 중요한지 밝혀냈다. 스튜어트 박사에 따르면, 아들에게 테스토스테론보다 더 큰 영향을 끼치는 것은 부모에게 사랑받고 양육받은 방식이었다. 마틴 셀리그만(Martin Seligman) 박사는 《자녀에게 줄 최상의 선물은 낙관적인 인생관이다(The Optimistic Child)》에서 아이들이 느끼는 무력감에 대해 이야기했다. 아이들은 단지 안 좋은 일이 일어났다고 해서 무력감을 느끼지는 않는다고 한다. 그보다는 안 좋은 일에 대해 자신이 아무것도 할 수 없을 거라는 예측 때문에 무력감에 사로잡힌다는 것이다. 긍정적인 확신을 주는 부모가 아이에게 할 수 있다는 태도를 가르쳐주면 아들은 실패를 영원한 것으로 해석하지 않을 것이다. 그리고 노력을 거듭해 실력을 갖춘 사람으로 성장할 것이다.

내면 지향적인 아들로 키워라

아들에게 일상의 경험을 통해 무언가에 숙달된 느낌을 경험하게 하면 우울증을 예방할 수 있다. 그 과정에서 아들 스스로 어떤 행동을 취하고, 변할 수 있다는 자신감을 갖게 되기 때문이다.

학습된 무력감은 자신에게 일어나는 일에 대해 아무것도 할 수 없다는 생각이 들면서 생겨나며, 수동성과 비관주의에 사로잡히게 만든다. 비관주의는 인생을 대하는 전반적인 태도에 스며들 수 있다. 어렵고 힘든 일 앞에서 늘 뒤로 물러나고, 결국 성취하는 것이 없는 인생을 살게 된다.

내면 지향적인 소년은 인생의 사건이 대부분 자신의 선택에 대한 결과라 믿고 스스로 책임지려 한다. 이는 주인 의식으로 연결되어 변할 수 없는 것은 받아들이되 가능한 것은 바꾸고 개선하게 만든다. 결국 아이는 인생의 소중한 가치, 목표, 끈기를 갖춘 사람으로 자랄 것이다.

환경을 변화시킬 자신의 능력을 일깨우는 가르침을 받지 못한 소년들은 외면 지향적이 되기 쉽다. 이러한 아이들은 자신을 둘러싼 환경이 선택이 아니라 운명이나 행운에 의해 결정된다고 생각한다. 그리고 자신이 환경을 바꿀만한 능력이 없다고 여기기 때문에 변화를 긍정적으로 바라보지 않는다. 반면에, 내면 지향적인 아이들은 선택과 변화를 스스로 조절할 수 있는 것으로 보면서 이들보다 더 행복하고 만족스러운 삶을 산다.

아들과 깊은 유대 관계를 맺으려면…

- 아들의 내면생활에 대해 코치해준다. 삶의 지혜를 전수해주고, 현실 속의 진실을 정확하게 볼 수 있게 설명해준다. 아들에게 "다른 문제는 없니?" 혹은 "네 생각은 어때?" 하고 물어보는 습관을 들인다. 문제가 생겼을 때 언제나 아들 편이라는 것을 알려주며 신뢰를 쌓는다.

- 부모의 일정 안에 아들과 유대 관계를 맺기 위한 시간을 마련한다. 아들과 평소에 순수한 우정을 쌓아두면 사춘기처럼 힘겨운 시간도 관계가 깨지는 일 없이 지낼 수 있다.

- 아들이 접하는 미디어를 관리한다. 아들과 영화를 보고 자연스럽게 이야기를 나눈다. 아들에게 폭력에 대한 의견을 물어보고 무엇을 배웠는지 말해보게 한다. 아들에게 가장 좋아하는 영화를 적어보게 한 뒤, 다음과 같은 질문을 한다.

"각 영화마다 좋았던 점과 싫었던 점은 무엇이니?"
"네 생각에 현실에서도 있을 법한 일은 무엇이니?"
"네 생각에 현실에서는 있을 것 같지 않은 일은 무엇이니?"
"폭력 장면이 꼭 필요했니? 불필요한 폭력 장면은 어떤 것이었니?"

집은 아이들에게 평화의 천국이 되어야 한다. 집에 돌아온 아이들은 학교에서든 집 밖 어디서든 힘겨운 싸움을 했을지도 모른다. 집은 아이들에게 긴장을 풀 수 있는 공간이 되어야 한다. 그리고 조롱과 모욕에서 벗어날 수 있는 공간이 되어야 한다.

크리스틴 데이

CHAPTER 10

아들의 참모습을 이해하라

10대 남자아이들의 성격적인 특징은 충동적이고 용감한 것에서부터 민감하고 소심한 것에 이르기까지 다양하다. 특히 이 아이들에게는 부모가 보호해줘야 하는 감정적으로 상처받기 쉬운 면이 있다. 남자아이들은 자신의 연약한 면을 지키기 위해 가면을 쓴다. 그리고 다른 사람들에게 어떻게 받아들여질까 하는 문제나 일상의 크고 작은 투쟁에 맞선다. 왜 소년들은 자신의 참모습을 감추고 가면 뒤에 숨어야 한다고 생각하는 걸까? 아마도 남성적인 자아 정체성을 찾는 과정에서 자신이 그다지 괜찮은 존재가 아니라고 느끼기 때문일 것이다. 이러한 감정에서 오는 열등감과 조롱받을지 모른다는 두려움으로부터 자신을 보호하기 위해 가면을 쓴다. 가면 뒤에 숨으면 안전한 느낌이 든다.

남자아이들의 부드러운 감성을 지켜줘라

남자아이들의 내면 감성은 부드럽다. 하지만 머리의 이성은 아이들에게 강해져야 한다고 속삭인다. 자신이 좋아하는 사람들을 보호하고 필요로 하는 것을 제공해야 하는 '남자'이기 때문이다. 남자아이들은 남자다움을 찾아 자신의 내면으로 내려간다. 하지만 그곳에는 남성성의 본보기가 될만한 것이 아직 없다. 구하는 것을 얻지 못한 좌절감만 있을 뿐이다. 그래서 결국 자신을 강하고 거칠며 냉랭하게 보이게 해주는 가면을 쓴다. 10대 남자아이들이 가장 많이 내세우는 것은 주변에 자기보다 나이 많은 남자들이나 영화에서 보고 배운 일차원적인 마초 이미지다.

심지어 어떤 남자아이들은 집단적인 가면을 제공하고 구성원으로 인정받는 느낌이 들게 하는 폭력 집단에 매력을 느낀다. 어떤 아이들은 따돌림에 대한 보호책이나 자신의 진실된 감정을 숨기기 위한 도구로 가면을 쓰기도 한다. 10대 아들을 둔 부모는 아들에게서 가면을 종종 볼 것이다. 아이들은 부모의 말에 이렇게 대꾸하며 투덜거린다.

"나한테 이래라저래라 하지 마세요."

"그래서 어쩌라고요?"

"재미없어요. 싫어요."

그러나 서로 이해하고 이해받으며 진정으로 소통하려면 가면을 벗을 필요가 있다. 연인 관계뿐만 아니라 부모 자식, 스승과 제자, 상사와 부하 관계에서 가면은 진정한 소통을 방해하고 오해를 불러일으킨다. 10대 남자아이가 스스로를 제대로 이해하고 성장하고 싶다면 가면 뒤에서 걸어 나와 진정한 자기 자신이 되어야 한다. 부모는 10대 아들에게 가면을 벗어도 멋지고 괜찮은 존재이며 가면을 벗으려면 노력이 필요하다는 것을 일깨워줘야 한다.

우리가 살고 있는 문화에서는 이 문제에 대해 이야기하는 일이 아주 특별하다. 공동체 차원에서 10대 남자아이들의 성장을 책임지려는 경향이 부족하기 때문이다. 예전에는 많은 문화권에 사춘기 남자아이들을 성숙한 남성의 세계로 받아들이는 통과 의례가 있었다. 보통 이 의례에는 정복해야 할 장애물이 포함되어 있다. 공동체의 남자 어른들은 장애물을 극복한 남자아이에게 다음과 같은 메시지를 주며 확신시킨다.

"넌 이제 예비 남성이다. 네가 성숙한 남성이 될 때까지 어떻게 해야 하는지 우리가 가르쳐주며 이끌어줄 거다."

하지만 오늘날에는 공동체적인 전통이 거의 사라지고 없다. 부모들이 각자 10대 아들을 위한 의례를 만들어야 하는 상황이다. 부모가 할 수 있는 가장 중요한 일은 10대 아들에게 가면을 쓰지 않아도 된다는 확신을 주는 것이다. 그렇게 하지 않아도 한 남성으로서 몸과 마음이 성숙해가고 있다는 것을 일깨워야 한다. 아들의 가면을 향해 말하는 것은 정당성을 부여하는 일이다. 10대 아들이 가면을 벗기를 원한다면 부모가 먼저 가면을 벗어야 한다. 그래야만 부모 자식 간에 진정한 소통이 이루어진다.

다른 아이들 앞에서 가면을 쓴 아들과 충돌하는 일을 피한다. 특히 아들이 큰아이일 경우에는 더욱 그러하다. 아들은 '난 엄마 아빠에게 맞설 만큼 강해.' 하는 마초 배지를 달기 위해 더욱 심하게 반항할 것이다. 아들과 충돌이 생기면 "조용히 둘이서 이 문제에 대해 얘기해보자." 혹은 "나중에 다시 이야기하는 게 좋겠다."라고 말해보자. 서로의 감정이 가라앉으면 아들과 산책을 나가거나 다른 사람이 없는 조용한 곳으로 가서 다음과 같이 말한다.

"아들아, 우리 둘만 있을 때에는 서로 가면을 벗자. 솔직하게 일대일로 이야기해보는 게 좋겠지?"

엄마들에게는 다른 접근법을 추천한다. 아들과 단둘이 있게 되거나 일부러 그러한 시간을 만들었다면 이렇게 말해보자.

"○○야, 넌 원래 훨씬 좋은 아이야."

"이번 일은 너답지 않구나."

"어떻게 하면 이 상황을 해결할 수 있겠니?"

아들이 가면을 벗고 참모습을 보이게 하기 위해 확실하게 보증해줘야 할 것이 있다. 바로 아들 주변에 마음을 털어놓고 이해받을 수 있는 남자 어른이 있다는 사실이다. 그 사람은 아빠일 수도 있고, 혹은 학교 선생님, 운동 코치, 할아버지일 수도 있다. 아들에게 가족이 공동으로 지키고 실행해야 하는 임무를 주자. 아들은 이 임무를 해내면서 자신이 가족이란 팀의 중요한 구성원임을 깨닫는다.

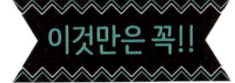

아들의 가면을 벗기려면…

- 소년은 긍정적인 동료 무리에 속해 있다고 느끼면 가면을 벗는다.
- 연극에 참여하게 한다. 연극은 조롱받을 두려움 없이 가면을 벗어던질 수 있는 아주 좋은 방법이다. 연극은 안전한 환경이기 때문이다. 동료들로부터 배척받을까 염려하는 일 없이 여러 가지 다른 역할과 행동을 해볼 수 있다.
- 대인 관계 능력을 키워준다. 아들이 더 나이 많은 사람들과 있을 때에도 편안하게 자신의 참모습을 드러낼 수 있도록 구체적인 기술을 가르친다. 집에 찾아온 손님을 맞는 법도 구체적으로 가르쳐준다. 예를 들어, 인사를 하는 법, 손님에게 다과를 내는 법, 손님이 편안하게 느끼도록 해주는 법, 공격적이지 않으면서도 단단하게 손을 잡고 상대의 눈을 보며 악수하는 법, 상대에게 흥미를 보이며 대화를 시작해 유지해가는 법 등이다.
- 호신술을 배우도록 격려한다. 호신술을 배우면 자기 자신은 물론이고 다른 사람까지 지켜줄 수 있다. 더불어 자기 조절 능력도 커진다.

현대의 세속적인 오락 산업은 거룩함을 조롱하는 데에 해마다 수십억 달러를 퍼붓고 있다. 그것은 인류의 기원과 삶을 모독한다.

마이클 거리언, 하버드 대학 강의

CHAPTER 11
아들에게 추억을 선물하라

우리 세대는 아이들에게 거룩함을 되찾아주기 위해 계획적인 노력을 해야 한다. 무엇보다 중요한 것은 아이들을 정신적으로 텅 빈 상태로 버려두지 말아야 한다는 사실이다. 이 상태는 다양한 정신적 전통이 주는 유대감과 경이로움을 아이들에게서 빼앗아간다.

　물질주의적이고 세속적인 문화에서조차도 세상을 이해하려는 아이의 욕구에 귀를 기울일 수 있도록 허락하는 기회의 창은 있다. 때로는 직관력 있고 호기심이 많은 10대뿐만 아니라 그보다 더 어린아이들도 '나는 누구인가? 나는 왜 태어났을까? 내 삶은 어디로 갈 것인가?'와 같은 삶에 대한 근본적인 물음을 던진다. 아이들은 어른들이 이 질문에 대해 납득할만한 답을 구하도록 도와줄 것이라 기대한다. 이 답을 구하는 과정은 자기 자신만의 정신적인 여행을 의미한다. 부모는 아들 양육을 통해 인생을 성찰할 시간을 가져볼 수 있다.

　부모가 아이들에게 지성의 양식을 주면서 배움과 지식 습득을 격려할 때 게을리하지 말아야 할 것이 있다. 바로 아이들의 마음에서 우러난 궁금증이다. 아들이 진실과 의미를 찾는 탐구자가 되도록 만드는 것은 코치로서 부모가 해야 할 일

중 하나다. 삶의 경이로움과 성스러움에 대한 이해가 없다면 모든 것에 대해 의미나 목적보다는 물질과 기능이 강조된다. 결국 다음 세대에게 단순한 실용주의 철학이 적용된 세상을 물려주게 될 것이다. 아들이 단지 실용주의라는 렌즈를 통해서만 세상을 바라보기를 원하는가? 다른 사람을 평가할 때 어떤 사람인지를 보기보다는 유용성을 따져 실용적으로 평가하기를 바라는가? 부모는 아들에게 사람은 누구나 자신만의 목적을 가지고 태어난, 본질적으로 고귀한 존재라는 것을 가르칠 필요가 있다.

위대한 사상가인 빅터 프랭클(Viktor Frankl)은 유대인 강제수용소 네 곳을 거치고도 살아남았다. 당시의 고통스러운 경험은 오히려 그가 자신만의 삶의 철학이 담긴 심리 치료법을 만들어내는 계기가 되었다. 절망, 좌절, 죽음이 난무하는 수용소 환경에서 빅터 프랭클이 발견한 것은 삶의 의미가 얼마나 중요한 것인가에 대한 사실이었다. 이 위대한 발견 덕분에 그는 자신의 목숨을 구했고 고통받는 다른 수용소 동료들이 희망을 찾을 수 있게 도와줬다. 또, 다음 세대들에게 인간의 본질에 대한 깊은 통찰을 소중한 유산으로 물려줄 수도 있었다. 빅터 프랭클이 수용소의 고통스러운 삶 속에서 발견한 가장 중요한 사실은 궁극적인 선택의 자유와 관련된 것이었다. 아무리 고통스럽고 잔인한 환경에서도 인간은 결코 타인이 빼앗아갈 수 없는 자유를 가지고 있다. 그것은 삶에 대한 태도와 목적을 선택할 수 있는 자유이다. 요컨대, 현재 우리가 어떤 사람인지와 앞으로 어떤 사람이 될 것인지를 결정하는 것은 환경이 아니다. 정말 중요한 것은 우리가 삶에 기대하는 것이 아니라 삶이 우리에게 기대하는 것이다.

기성세대들은 자신이 믿는 가치나 신념을 아이들에게 잘 전하지 못했다. 시대에 뒤떨어진 행동 방식이나 상황 이해를 고집했다. 어른들의 이러한 관습적인 이해와 표현 양식이 오늘날 삶에 적절하지 못하다는 것을 아이들은 알아차렸고 거부했다. 이 과정에서 중요한 진실과 전통까지 폐기되는 불행이 일어나고 말았다. 하지만 여전히 많은 부모들은 자녀에게 이와 같은 가치를 가르쳐주고 싶어 하기 때문에 이를 위해 혁신적인 몇몇 방법이 소개되고 있다. 현대 사회의 가족들이 정신적인 진실을 통합해 소중한 가치를 다음 세대에 전하도록 도와줄 수 있는 방법이다.

아이들이 부모가 전해주려는 가치를 기꺼이 받아들이게 하는 비결은 분위기에 있다. 애정과 즐거움이 넘치고 질서 있는 환경에서는 그런 가치를 가르치려고 특별한 노력을 기울일 필요가 없다. 이 분위기를 만드는 최고의 방법은 가족이 모두 함께 보내는 저녁 시간을 계획하는 것이다. 아이들은 이 시간에 하는 즐거운 게임이나 놀이에 푹 빠져 그것이 전해주는 가치나 메시지를 거부감 없이 흡수한다. 자기도 모르게 학습 경험을 쌓게 하는 실물 교육의 현장이라 할 수 있겠다. 아들과 보내려고 정성껏 계획한 시간은 다정하고 조화로운 집안 분위기를 만든다. 이는 평생 동안 아들의 마음에 남아 있다.

가치나 신념에 대한 아이들의 감수성이 가장 예민해지는 시기는 보통 7~15살 사이다. 특히 13살 즈음에 정점을 찍으면서 이 시기 아이들은 자신만의 도덕적 기준을 형성한다. 선과 악에 대한 기준이 내면에 자리 잡고 이것은 성장한 뒤에도 잘 변하지 않는다. 10대 이후에는 도덕적 관점이나 종교적 믿음에 큰 변화를 주지 않는다.

아들은 전통을 통해 성숙한다

전통은 가족을 하나로 묶어주고 정체성을 확립하게 한다. 아들은 전통을 통해 자신이 누구인지, 또 어디에 소속되어 있는지를 깨닫는다. 남자아이를 소년의 세계에서 신성한 의무와 놀라운 특권을 가진 남자의 세계로 안내하는 의식은 많은 문화권에서 일반적인 현상이다. 이 의식과 의례를 통해 의미 있는 전통이 생겨난다. 한 사람을 인정하기 위해 공동체 전체가 모여 의식을 치른다는 것만으로도 아이는 위대한 자존감을 느끼게 된다. 예를 들어, 유태인 남자들은 13살이 되면 '바르미츠바'라는 성인식을 치른다. 그들은 이 의식을 통해 남자의 세계로 들어가는 소중한 느낌을 받는다. 어떤 문화권에서는 여자아이들을 위해서도 비슷한 의식을 치른다. 하지만 남자아이들의 성인식이 훨씬 더 보편적인 현상이다. 아마도 남자아이들은 이 시기에 엄마를 중심으로 한 여성의 세계를 떠나 남성의 세계로 옮아가기 때문일 것이다.

남자아이들을 위한 성년식에는 공통점이 있다. 일단 공동체 전체의 관심이 남자아이에게 집중된다. 남자아이는 이를 통해 특별하고 거룩한 느낌을 받는다. 이 의식에는 공동체의 어른들 중에서 아빠를 포함한 남자들만 참여한다. 하지만 아빠는 아들을 대신해 발언하거나 선처를 호소하며 중재할 수 없다. 또, 의식의 내용에는 홀로 밤을 보내는 것과 같은 위험과 두려움도 따른다. 용기와 지성을 증명하기 위한 시험과 시련이 따르기도 한다. 민족에 따라 그것은 사냥일 수도 있고, 유태인의 바르미츠바에서처럼 경전을 낭송하는 것일 수도 있다.

성인식은 새로운 집단의 일원이 되었다는 것을 의미하고 식이 끝난 후 남자아이는 다른 대우를 받는다. 아이가 속한 문화에 따라 새롭게 얻은 지위에 맞게 깃털, 문신, 긴 바지와 같은 표식을 몸에 지니게 된다.

오늘날 사회에서는 이러한 의식과 의례가 사라져버렸다. 생일 파티를 치르기는 해도 술판을 벌이기 위한 변명일 때가 많다. 현대 사회에서 많은 남자아이들은 남성의 세계로 들어가는 공식적인 의식을 경험하지 못하지만 어렴풋이 필요성을 느끼고 있다. 그래서 무의식적으로 남자임을 보여줄 수 있는 사건이나 기념식을 찾는다. 이때 자신의 남성성을 보여줄 것이라 생각되는 행동을 하게 된다. 맥주를 쭉 들이킨다든지, 처음으로 성관계를 맺는다든지, 패싸움을 벌이며 용기를 보여주는 행동을 할 수도 있다. 그러나 진정한 남성성의 기본 요소로 보편적으로 인정되는 것은 다음과 같다.

- 자아 중심에서 타인에 대한 배려로 옮아간다.
- 누구나 죽어야 할 운명이라는 사실과 직면한다.
- 부끄러움이나 두려움을 피하기 위해 행동하는 것에서 존중받기 위해 행동하는 것으로 옮겨간다.
- 사회적 양심이 발달한다.
- 자신이 약해 보여 염려나 관심을 받는 게 아니라는 것을 배운다.
- 어떤 사람을 믿어야 할지 구분할 수 있게 된다.
- 자신의 신념을 추진하고 스스로의 생각을 분명히 말할 수 있게 된다.
- 진정성을 갖게 된다.
- 실패와 실망을 견디는 법을 배운다.

○ 두려움을 통제하는 법을 배운다(두려움은 일반적인 현상이고 심각한 문제가 아니다. 때가 되면 두려움은 사라지고 자신은 그대로 남아 있게 된다).
○ 자신의 실수를 인정하게 된다.

아들 잘 키우는 tip

가족이 함께할 의식의 내용이 무엇이든 기회의 창이 열려 있을 때 시도해보자. 이러한 의식을 통해 아들에게 정체성을 확인시켜줄 수 있다. 또, 가족끼리의 연대감과 일관된 안정감 속에서 미래를 꿈꾸게 될 것이다.

아들을 위한 가족 행사를 가져라

각 가정에는 가족이 함께하는 저녁 식사처럼 일상이 된 전통이나 어버이날, 어린이날에 행하는 행사가 있을 것이다. 이외에도 이정표가 될만한 가족 전통을 만들어보라고 제안하고 싶다. 예를 들어, 11살짜리 아들이 있는 가정에서는 '사춘기 준비 의식'을 계획한다. 아빠와 일대일로 함께 보내는 밤을 계획하고, 아들의 인생에서 중요한 비중을 차지하는 남성 멘토와 함께하는 특별한 식사 자리를 마련한다. 16살짜리 아들이 있다면 성인으로서 갖추게 될 아들의 능력을 인정하는 통과 의례를 계획한다.

사는 데 치이다 보면 가족 행사에 소홀해질 수 있다. 아들이 성년이 되려면 20년이나 있어야 한다고 생각하고, 무엇보다 바쁘기 때문이다. 그렇지만 아들을 무사히 성년으로 이끄는 의식에 투자한 시간은 많은 면에서 결실을 거두게 된다. 부모가 함께하는 시간이나 건전한 의식을 통해 긍정적인 관심을 받으며 자란 아이들은 나쁜 행동으로 문제를 일으킬 확률이 줄어든다. 또, 가족이 모였을 때 되새겨 이야기할 추억도 남을 것이다. 식구들 모두 가족의 구성원임을 자랑스럽게 여기며 서로에게 충성심을 느끼게 하는 데도 더없이 좋은 방법이다.

무엇보다 기쁜 수확은 아들의 인격에 끼치는 영향이다. 행사를 치르고 저녁 식사를 함께하면서 부모의 신념을 알게 될 것이다. 그리고 부모가 소중히 여기는 가치를 실행에 옮기다 맞닥뜨리게 된 문제에 대해서도 자유롭게 이야기를 나누며 자연스럽게 받아들이게 된다.

실천하기
통과 의례를 잘 치르는 비법

아들이 14살이 되면 함께 식사를 하면서 한 남성으로 성장하는 길에 들어선 것을 축하해준다. 부모가 존중하고 있는 3가지 장점, 3가지 성취물, 3가지 재능을 이야기한다. 그리고 아들 스스로 자신의 3가지 장점, 3가지 감사할 점, 3가지 미래의 꿈을 말해보게 한다.

아들이 원하는 것은…

- 삶의 의미와 목적의식
- 어른 세계를 향한 통과 의례
- 소년 심리에서 남성 심리로 옮겨가기
- 가족과 공동체에 대한 강한 유대감
- 정신적인 기준
- 인생에 대한 심오한 질문의 답
- 삶을 바칠 수 있는 대의명분
- 가족 대대로 내려오는 전통
- 자신의 성숙을 확실하게 인정하고 확인시켜주는 통과 의례

당신은 당신의 자아만큼이나 작은 사람이고 당신의 믿음만큼이나 위대한 사람이다.

시몬 페레스, 전 이스라엘 수상

CHAPTER 12

아들에게 가르쳐야 할 12가지

요즘에는 과거의 교육으로 되돌아가려는 경향이 보인다. 많은 교육가들과 부모들이 다정하면서도 단호하게 가르쳐주는 삶의 지혜, 규칙, 미래에 대한 긍정적 의지가 얼마나 소중한지를 깨닫고 있다. 다시 말해, '계획이 있는 양육'을 하려는 것이다. 다음은 계획이 있는 부모로서 아들이 깨달아주기를 바라는 12가지 진실이다.

아주 중요한 목표만 세워라

많은 10대들이 너무 많은 목표와 꿈을 가지고 있어 그중 어느 하나에도 제대로 집중하지 못하고 있다. 에너지만 이곳저곳으로 흩어질 뿐이다. 10대 아들이 아주 중요한 목표 몇 가지에만 집중할 수 있도록 격려하자. 예를 들어, 아들이 원하는 특정한 운동부에 들어가거나, 원하는 학교의 입학시험에 합격하는 것을 목표로 삼게 한다.

사랑이 무엇인지 제대로 알게 하라

현대 사회에서는 사랑과 성을 혼동하기 쉽다. 아들에게 그 차이를 확실히 깨우쳐줄 필요가 있다. 사랑에는 변함없는 우정, 신의, 희생이 따라야 한다. 사랑은 근본적으로 감정이 아닌 행동의 문제다. 미디어는 성관계를 가지면 진정한 친밀함에 이를 수 있는 것처럼 떠들고 있다. 사실 진정 의미 있는 성관계는 서로 헌신하며 친밀함을 차곡차곡 쌓아가는 사이에서만 가능하다.

도중에 포기하지 마라

너무 많은 사람들이 터널을 빠져나오기 전에 참지 못하고 기차에서 내린다. 아들에게 우리가 무엇이든 성취하려면 반드시 역경이 따른다는 것을 가르쳐줘야 한다. 역경은 고통을 주지만 훌륭한 인격을 만드는 밑거름이 되기도 한다. 부모의 지원과 높은 기대가 있으면 아들은 힘든 상황 속에서도 자신이 헌신하고자 하는 바를 지켜갈 수 있다.

사람들은 틀릴 권리가 있다

10대들은 규칙이나 기준에 도전하고 반항하기 마련이다. 하지만 아이들은 규칙이나 기준을 중심으로 돌아가는 현실 세계 안에서 살아가야 한다. 큰 문제가 없을 경우 권위자를 존중하는 것은 사회가 돌아가는 기본 원리다. 10대들은 자신들을 지도하고 통제하는 권위자들의 잘못된 점에 대해 충고해주고 싶어 할 수도 있다. 물론 이것은 어디까지나 그들에 대한 존경심을 잃지 않는 공손한 방법으로 이루어져야 한다.

삶은 공평하지 않다

아들이 이 진실을 더 빨리 깨달을수록 삶이 훨씬 더 편해진다. 우리는 날마다 불평등과 불공정을 마주하며 살아간다. 즉시 바로잡을 수 없는 것은 어느 정도 감수하며 고치는 방향으로 노력하며 살도록 도와준다.

스스로의 행동에 책임을 져라

자신이 저지른 일의 결과를 기꺼이 감수하라는 뜻이다. 이러한 자세는 자부심을 키우는 강력한 도구가 되고 성공적인 삶으로 연결된다. 아들이 실수나 잘못을 저질렀을 때 고통스럽지만 중요한 교훈을 배울 수 있게 도와주자. 화부터 내지 말고 아들의 다친 마음에 공감하면 아들은 실수를 바로잡으려 애쓰면서 다음에는 더 나은 선택을 할 수 있게 된다. 우리가 어떤 선택을 앞두고 스스로에게 해야 할 질문은 '친절한 행동인가?, 진실인가?, 필요한 것인가?' 등이다.

항상 말조심하라

한 번 뱉은 말은 되돌릴 수 없다. 혀는 우리 몸에서 아주 작은 부분이지만 숲 전체를 태워버리는 작은 불씨 같은 역할을 할 수 있다. 어떤 말을 하기 전에 2번 정도는 미리 생각하는 습관을 들이도록 도와준다.

놀기 전에 일부터 하되 일이 끝나면 반드시 놀아라

성공한 인생을 사는 사람들은 할 일을 하고 나서 논다. 결혼한 사람들은 가족 관계에서 헌신과 사랑뿐만 아니라 즐거움도 필요하다는 것을 알아야 한다. 아들에게 삶을 축하하고 놀이의 본보기를 보여주자. 각자 맡은 집안일을 끝내고 가족들이 가장 좋아하는 게임을 하는 습관을 들인다. 아들이 10대가 된 후에도 당신과 친밀한 관계를 맺도록 이어주는 끈이 될 것이다.

여자들은 남자들보다 더 많은 일을 한다

남자들은 이 사실을 충분히 인정해주는 것만으로도 큰 이익을 볼 수 있다. 아들에게 생활을 함께하는 여자들에게 휴식을 권하고 쉴 수 있도록 도와주겠다고 해보게 하자. 집안 여성들과 아들과의 관계가 한층 좋아지고 풍요로워질 것이다.

장점이나 재능에 주력하라

재능이나 장점을 계발해 그 분야에서 능력과 지식을 갖추게 도와주자. 학교 글짓기 대회에서 늘 상을 받는데 반 대표 운동선수로는 한 번도 뛰어보지 못했는가? 그렇다면 운동이 아닌 문학 분야에 아들의 재능이 있다. 재능을 인정받을 때 느끼는 자부심을 즐기고, 다른 재능을 가진 사람들과 자신을 비교하지 말게 하자.

흑백 논리로 판단해야 하는 일이 있다

상대주의나 자기 기준으로 보았을 때 옳은 것을 믿는 것도 나쁘지는 않다. 하지만 미신이나 편견으로 흐르기 쉽다. 세상에는 결코 변하지 않는 절대적인 진리가 있다. 중력의 법칙이 그렇다. 또, 절대적인 기준으로 봤을 때 좀 더 신뢰할 수 있는 신념과 나은 결과가 있는 법이다.

훌륭한 친구와 우정을 키우려 노력하라

우정은 우연히 생겨나는 것이 아니다. 키우고 지키려 노력해야 한다. 훌륭한 친구를 원한다면 먼저 훌륭한 친구가 되어주자. 우정을 키우려 적극적으로 노력하고 친구를 소중히 여긴다.

그래도…

– 켄트 키스

보통 사람들은 비논리적이고 비합리적이며 자기중심적으로 생각한다.
그래도 그들을 사랑하라.

착한 일을 하면 다른 속셈이 있다고 비난하는 사람들이 있다.

그래도 착한 일을 하라.

성공하면 나쁜 친구도 생기고 적도 생길 수 있다.
그래도 성공하라.

정직하고 성실하게 살다가 불이익을 당할 수 있다.
그래도 정직하고 성실하라.

여러 해 동안 공들여 이룬 것이 하룻밤 사이에 무너질 수 있다.
그래도 이루기 위해 노력하라.

마음의 평화와 행복을 찾으면 질투를 받을 수 있다.
그래도 행복하라.

오늘 좋은 일을 한 것이 내일이면 잊혀질 수 있다.
그래도 좋은 일을 하라.

세상에 최선의 것을 주고도 호되게 봉변을 당할 수 있다.
그래도 세상에 당신이 가진 가장 값진 것을 주어라.

계획이 있는 부모가 되려면…

- 아주 중요한 목표만 세워라.
- 사람들은 틀릴 권리가 있다.
- 사랑이 무엇인지 제대로 알게 하라.
- 도중에 포기하지 마라.
- 삶은 공평하지 않다.
- 스스로의 행동에 책임을 져라.
- 항상 말조심하라.
- 놀기 전에 일부터 하되 일이 끝나면 반드시 놀아라.
- 여자들은 남자들보다 더 많은 일을 한다.
- 장점이나 재능에 주력하라.
- 흑백 논리로 판단해야 하는 일이 있다.
- 훌륭한 친구와 우정을 키우려 노력하라.

아들 키울 때
꼭 알아야 할
12가지

초판 1쇄 발행 2016년 3월 25일
초판 9쇄 발행 2021년 8월 16일

지은이 | 이안 그랜트
옮긴이 | 유윤한
발행인 | 윤호권 · 박헌용
본부장 | 김경섭

발행처 | ㈜시공사
출판등록 | 1989년 5월 10일(제3-248호)
브랜드 | 지식너머

주소 | 서울특별시 성동구 상원1길 22, 7층 (우편번호 04779)
전화 | 편집 (02) 3487-1151 · 마케팅 (02) 2046-2800
팩스 | 편집 · 마케팅 (02) 585-1755
홈페이지 | www.sigongsa.com

ISBN 978-89-527-7583-2 14590
SET ISBN 978-89-527-7584-9 14590

이 책의 내용을 무단 복제하는 것은 저작권법에 의해 금지되어 있습니다.
파본이나 잘못된 책은 구입한 서점에서 교환해드립니다.

지식너머는 ㈜시공사의 브랜드입니다.